国際バカロレア教育と教員養成

未来をつくる教師教育

東京学芸大学国際バカロレア教育研究会 〈編〉

赤羽　寿夫・佐々木幸寿・原　健二・藤野　智子 〈編集代表〉

学文社

執筆者一覧

*佐々木幸寿　東京学芸大学理事・副学長（序章）

*赤羽　寿夫　東京学芸大学教職大学院教授（第1章1.1,1.2,1.4.1）

　星野あゆみ　玉川大学大学院教育学研究科教授（第1章1.3）

　山本　勝治　東京学芸大学附属国際中等教育学校教諭（社会・地歴）
　　　　　　　　　　　　　　　　（第1章1.4.2，第2章2.1.3,2.2.2 (1) (3)）

　雨宮　真一　東京学芸大学附属国際中等教育学校副校長（英語）（第1章1.5.1）

*藤野　智子　東京学芸大学教職大学院准教授（第1章1.5.2）

　鮫島　朋美　東京学芸大学附属国際中等教育学校教諭（理科・化学）（第2章2.1.1, 2.2.1）

　馬田　大輔　東京学芸大学附属国際中等教育学校教諭（技術）（第2章2.1.2,2.2.2 (2)）

　藤澤　誉文　高知県立高知西高等学校教諭（地歴・公民）（第2章2.2.3）

　高松　美紀　東京都立国際高等学校指導教諭（国語）（第3章，Topic）

　中村　純子　東京学芸大学教育学部准教授（第4章）

*原　　健二　東京学芸大学教職大学院教授（第5章）

　西村　圭一　東京学芸大学大学院教育学研究科教授（第6章）

　成田喜一郎　自由学園副学園長／最高学部特任教授（第7章，第11章）

　原　　和久　都留文科大学国際教育学科教授（第8章）

　眞砂　和典　岡山理科大学グローバル教育センター教授（第9章）

　茂木　秀昭　都留文科大学国際教育学科教授（第10章）

（執筆順，＊印は編者）

はじめに

　近年，日本の学校教育を取り巻く社会環境は大きく変化している。子どもたちは，予測不可能な未来社会において，自立的に生き，社会の形成に参画していくための資質を培うことが求められている。また，AI時代の到来は，学校における学びの意味，教師の役割の捉え直しの必要性を投げかけている。そして，今，世界で猛威をふるう新型コロナウイルス感染症は，学校という枠組みを超えて，人々の生活，仕事，慣習など社会のあり方について根本的に再検討することを求めている。

　このような大きな転換期を迎えている日本の学校教育は，今後，どのようにあるべきか。国際バカロレア教育（IB教育）は，学習歴の異なる多様な児童生徒それぞれが，自ら知を獲得し，整理し，それを社会において活用する力を育むうえで，重要な視点を提供してくれる。特に，IB教育がその中心に据える「概念学習」「探究学習」は，学習者一人ひとりが抱える自らの課題に取り組むうえで，有効な方法となるはずである。

　現在，IB認定校は，国内においても拡大しつつあり，IB教育は，日本の学校教育においても着実に影響力を増している。しかし，その一方で，その基盤となるべきIBの理念と技法を身につけた教師が不足しているといわれ，IB教員の資格を有する教師の確保は急務となっている。本書は，このような社会的ニーズに応え，優れたIB教員の養成に資する目的で編まれたものである。高い質を備えたIB教員を育成するうえで，組織的，体系的なカリキュラムに基づいて，IB教育の理念を深く理解し，それを実践として具体化できる教師の育成が図られなければならない。また，理論と実践を統合する力を備えた教師を育成するうえでは，IB認定校など教育現場における研修やワークショップの機会が，継続的に提供されなければならないであろう。

　本書は，はじめてIB教育に触れる方から，すでにIB教育の実践者として活躍されている方まで，十分対応できるように構成した。初習者の方は，ぜひ序章から読んでいただければ幸いである。また，教職課程を履修している学生の読者は，第2部を読んでいただいたのちに第1部に戻っていただくのもより理解が深まるのではないかと思われる。すでに実践者として活動されている方は，第3部から，それぞれのニーズや関心に応じて内容を選択して読み進めるのも効果的かと思われる。

　本書作成において，IB認定校等に実際に勤務される先生方，IB教育を専門とされている研究者やIB教員養成に関わる大学教員から，貴重な実践報告や研究成果を提供いただいている。本書が，IB教育を学ぼうとする方々にとって，一助となることを心から期待している。

2020年6月

編者を代表して　赤羽　寿夫

i

目　　次

第2部　IB教師をめざす君たちへ
―日本におけるIB教師養成論―

第4章　DP「言語A」を学ぶために ································ 90

第5章　科学的な認識の深化を促しながら
汎用的な概念の形成へと導く教師力とは ·············· 99

第6章 IB数学の基盤となる数学教育観の検討 ·················107

第7章 IB教師のための本質的で根源的な問い
―「個人と社会」を中心に― ·················114

第3部 IB教育の多様性

第8章 国際バカロレアの共通性と多様性
―IB認定校におけるカリキュラム内容と運営形態に関する一考察― ·····124

序章 日本における国際バカロレア教育と東京学芸大学の取り組み

0.1 日本における国際バカロレア教育の意義

　国際バカロレア（IB）は，全人教育を通じて，主体性や思考力，コミュニケーション能力，思いやりなどをもち，バランスのとれた国際社会に貢献できる人材の育成を目的とした教育プログラムとして，広く世界に受け入れられてきた。国際バカロレア教育が，世界に受け入れられてきた背景は，国や地域によって事情は異なっており，渡邉雅子（2014）は，これには四つのパターンがあることを指摘している。つまり，①教育改革，特に後期中等教育改革の牽引としてIBを利用しつつグローバル化に対応するケース（イギリス等），②学校選択制における広告塔として受容するケース（アメリカ・カナダ等），③国策として国際競争力をつけるため導入するケース（中国等），④遅れてスタートした近代的学校のグローバル化へのキャッチアップとして部分的に取り入れられるケース（モンゴル等）である。

　わが国においては，当初，インターナショナルスクールなど，学校教育法の規定する「一条校」（幼稚園，小学校，中学校，中等教育学校，高等学校等）以外で普及してきた。こうした中で，グローバル人材の育成を重視した政府は，2013年5月の教育再生実行会議第3次提言（2013年5月），「まち・ひと・しごと創生総合戦略（2016改訂版）」（2016年12月22日閣議決定）等において国際バカロレア認定校等を大幅に増やすことを提言するなど，国がその普及を図る方針を明確にしたことで，教育行政，学校関係者に国際バカロレア教育が注目された。近年は，国際バカロレアと学習指導要領の双方を無理なく履修できるようにする特例措置が施行され，また，一部の教科を日本語で履修できる日本語ディプロマプログラム（DP）が開発されたことにより，国公私立を含めて，一条校にも認定校が広まっている。今，なぜ，国際バカロレア教育が，わが国においてこのような広まりを見せているのか。その期待はさまざまであるが，次のような意義をもつものとして理解される。

　第一には，国際化，グローバル化する社会において自己のアイデンティティーをもって主体的に生きる人間を育成するという意義である。教育基本法第2条第5号は「伝統と文化を尊重し，それらをはぐくんできた我が国と郷土を愛するとともに，他国を尊重し，国際社会の平和と発展に寄与する態度を養うこと」と教育の目標を定めており，同法17条に

1

基づいて策定された第2期教育振興基本計画（2013年6月閣議決定）は，「日本人としてのアイデンティティーや日本の文化に対する深い理解を前提として，豊かな語学力・コミュニケーション能力，主体性・積極性，異文化理解の精神等を身に付けて様々な分野で活躍できるグローバル人材の育成が重要」であると提言している。国際バカロレア教育は，日本人としてのアイデンティティーをもちながら，グローバル化等に対応できる人材を育成するという役割からその意義が注目されているといえる。

　第二には，学校教育における学びの質の向上に資する探究型プログラムとしての国際バカロレア教育への期待である。学習指導要領（平成29・30年告示）においては，複雑で予測困難な社会において，主体的に社会に関わり，より良い社会と幸福な人生を実現することが重要であるとの認識の下に，知・徳・体にわたる「生きる力」を子どもたちに育むため，「何のために学ぶのか」という学習の意義を共有しながら，授業の創意工夫や教科書等の教材の改善を引き出していけるよう，①知識及び技能，②思考力，判断力，表現力等，③学びに向かう力，人間性等の3つの力を育むこととしている。また，主体的・対話的で深い学び（アクティブ・ラーニング）の視点から授業を改善するとしている。国際バカロレアのカリキュラムは，双方向，協働型の学習を主体とするなど学校における学びの質を改善する取り組みと基盤を共有するものとして注目されている。

　第三には，日本の学校教育の国際的通用性の確保，高等学校教育と大学教育との接続の視点から，国際バカロレア教育が注目されているということである。日本の若者の海外留学が減少傾向にあり，「内向き志向」が指摘されている。こうした中で，日本の若者の海外の大学への留学の振興（アウトバウンド），海外の有意な人材の日本の高校や大学への受け入れ（インバウンド）を進めるための手段として，世界に通用する大学入学資格，成績証明を提供する国際バカロレア教育が注目されているということである。特に，日本語DPの導入は，日本の学習指導要領等との親和性を確保しながら，国際バカロレア教育を普及させ，日本の学校教育を国際的に通用するプログラムとして展開するうえで重要な役割を果たすことが期待されている。また，入学者選抜における能力や適性，学習や活動経験の成果を多角的，客観的に評価する観点から，国際バカロレア教育によって育成される資質・能力を入試においても積極的に評価する国際バカロレア（DPスコア等の活用）人試の拡大が模索されている。

　第四には，産業界からのグローバル社会で活躍できる人材育成への期待である。日本経済団体連合会は，「グローバル化に対応するためには外国語能力とともに，課題発見し解決する能力や論理的思考力，コミュニケーション能力，さらには日本の近現代史に関する知識を含む幅広い教養を育む必要がある」（「次代を担う人材育成に向けて求められる教育改革」2014年4月）とし，産業界からの人材育成の要請として，「グローバル人材に求められる素質や能力を育む上で，国際バカロレア教育（IB）は有効であ」る（「今後の教育改革に関する基本的考え方」2016年4月）と提言している。グローバル化する社会で期待されるビジネス

に求められる能力と社会性との親和性があることが指摘されているのである (Resnik 2008)。

　第五には，次世代の社会を担う人材育成の視点である。第5期科学技術基本計画は，わが国がめざすべき未来社会を「Society 5.0」として（狩猟社会：Society 1.0，農耕社会：Society 2.0，工業社会：Society 3.0，情報社会：Society 4.0に続く，サイバー空間とフィジカル空間を高度に融合させたシステムにより，経済発展と社会的課題の解決を両立する人間中心の社会）提唱した。Society 5.0で実現する社会は，IoTですべての人とモノがつながり，さまざまな知識や情報が共有され，今までにない新たな価値が生み出され，また，人工知能（AI）により社会の変革（イノベーション）が急速に進むとされている。そのためには，次代の科学技術イノベーションを担う人材の育成を図る必要があり，課題の発見・解決に向けた主体的・協働的な学びの視点から学習・指導方法を改善し，意欲・能力を有する生徒・学生が研究等を行う機会等を保障すること等が必要であるとされている。このようなカリキュラムとしても国際バカロレア教育の可能性が注目されているのである。

　このように国際バカロレア教育に寄せられる期待は大きい。しかし，国際バカロレア教育が，日本の学校に受け入れられていくためには，わが国において日本の教育の強みや良さを国際バカロレア教育の中でどのように生かしていくのか，国際バカロレアの教育システムで育成された生徒や学生を大学や社会がどのように受け入れていくのかなど，乗り越えるべき課題も少なくない。国際バカロレア教育に関わる者が，実践の中で解決策を模索し，継続的に改善を図っていくことが求められる。

0.2　国際バカロレアにおける教員養成

0.2.1　国際バカロレア認定校の教員の要件

　国際バカロレア教育が，わが国において広く普及していくうえで，国際バカロレアに関する優れた見識と豊かな経験を備えた教師の確保は，大きな課題となっている。国際バカロレア認定校で教育活動に従事する教員等には，国際バカロレアの理念やプログラムを理解している必要があるため，国際バカロレア機構は，認定校の教員等に対し，①IB主催のワークショップに参加すること，②大学等に開設されたIB研究コースの修了によって認定書 (IB certificates) を取得することのいずれかを求めている。

　①ワークショップについては，申請するPYP，MYP，DPの種別ごとに，また校長等の管理職，担当教員の区分ごとに，参加すべきワークショップが指定されている。各種のワークショップが，比較的短期間で開催されるために，必要に応じて，参加しやすいという利点がある。②IB研究コースにおいても，つまり大学の学部または大学院等に設置される国際バカロレア教育に関する授業等からなるコースを修了することで「IB教員認定」を取

得することができる。大学において組織的，体系的に編成されたカリキュラムに従って受講することから，十分な時間をかけて，国際バカロレアのカリキュラム，教育上の課題，評価について実務的な理解を深めることができるという利点がある。しかし，IB研究コースの導入には，IBOによる訪問審査など正式な承認までに審査の手続を経ることが必要であることから，国内でも，東京学芸大学，玉川大学，筑波大学，岡山理科大学，都留文科大学，関西学院大学，国際基督教大学にとどまっているのが現状である。

0.2.2　IB研究コースによる国際バカロレア教員養成

　拡大していく国際バカロレア認定校に優れた資質を備えた有資格者を供給し，日本国内で持続可能な形でIB教員養成を展開していくためには，組織的・体系的にIB教員を養成できるIB研究コースの拡充が期待される。わが国では，教員養成は教育職員免許法に基づいた課程認定によって行われており，IB研究コースは，教職の課程認定を受けた学部または大学院に開設することが望ましいことは言を俟たないが，コースをどのような学部，大学院に開設すべきであるのかということが重要な問題となってくる。学部レベルにおいては，教員養成を目的として開設されている大学・学部がある一方で，経済学部や工学部など専門分野を学びながら教職課程において教員免許取得を進めている開放制の大学・学部もある。また，大学院レベルにおいては，スクールリーダーとしての高度専門職業人としての教員を養成する機関として設定されている教職大学院（専門職学位課程）がある一方で，専門分野における理論と応用の研究能力を養成することを目的としている修士課程がある。国際バカロレア教育を担う教員の養成をどのような大学・学部の課程で行うのか，または大学院レベルにおいて行われる場合でも教職大学院で行われるのか，修士課程で行われるのかによって，その教育内容や位置づけも大きく異なってくるものと思われる。さらには，国際バカロレア認定校である附属学校などの研修校を備えているかどうかという点も実践的な能力を備えた国際バカロレア教員を養成するうえで重要な視点となってくるであろう。

0.2.3　特別免許状と外国人教師の任用

　国際バカロレア認定校（以下，IB認定校）においては，外国人教師の確保も大きな課題となっている。特に，学校教育法上の一条校の教員については教育職員免許状の所持が義務づけられていることから，教員免許を所持していない外国人の任用は大きな課題となっている。このような外国人教師の任用においては，特別免許状（教員免許状を持っていないが優れた知識や経験を有する社会人等に対して都道府県教育委員会が授与する免許状）を活用することが必要となってくる。
　外国人教師の特別免許状取得については，「特別免許状の授与に係る教育職員検定等に

関する指針」（文部科学省，2014年6月）において，国際バカロレア教育の経験が専門分野に関する勤務経験の基準として認められている。外国人教師については，当該地域の都道府県教育委員会と十分に連携を取りながら，採用のために計画的に専門的知識や経験を積ませるなど，特別免許状の取得に道筋をつけながら，計画的に養成していく必要がある。

0.3　東京学芸大学と国際バカロレア（IB）教育プログラム

0.3.1　東京学芸大学におけるIB教育
——リーディング校としての附属国際中等教育学校——

　2010年，東京学芸大学附属国際中等教育学校は，日本の国公立学校で初めてのIB認定校となりIBワールドスクールの仲間入りをした。附属国際中等教育学校は，以来，1年生から4年生の全生徒を対象として，プレゼンテーション，ディスカッション，レポート課題を通じた概念理解と探究活動を中心として中等教育プログラム（MYP：Middle Years Programme）を展開するなど，日本の国公立学校におけるIB教育において先導的な役割を果たしてきた。

　政府は，「日本再興戦略　―JAPAN is BACK―」（2013（平成25）年6月14日閣議決定）において，一部日本語による教育プログラムの開発・導入を通じて，IB認定校を200校へ大幅に拡大するという方針を示したが[1]，期を同じくして，東京学芸大学は，同年5月に，文部科学省，国際バカロレア機構等との連携協力により，IB認定校の拡大にむけた課題について検討，情報交換を行うため，「国際バカロレア・デュアルランゲージ・ディプロマプログラム連絡協議会を発足させた。附属国際中等教育学校は，同連絡協議会の主幹校となって，各都道府県教育委員会や学校からIB教育を学ぼうとする教員派遣を積極的に受け入れるなどIB教育の普及の要として活動を展開してきた。

　さらに，2014年2月には，同校は，国際バカロレア・デュアルランゲージ・ディプロマプログラム（DLDP）の候補校となり，2015年3月には5年生と6年生を対象としてDPの認定校となった。この結果，2016年4月から日本語と英語によるDPの授業を開始し，東京学芸大学附属国際中等教育学校は，MYPとDPの一貫教育を行う全国で初めての国公立学校となったのである。

　東京学芸大学においては，附属国際中等教育学校がわが国のIB教育のリーディング学校としての実績を重ね，教育委員会やIB認定校をめざす各学校への支援，情報発信のための

---

1) 「まち・ひと・しごと創生総合戦略」（2016年改訂版）（2016（平成28）年6月30日閣議決定）では，2020年までに200校以上に増やすとしている。

拠点としての重要な役割を果たすなど，IB教育の中核を担う機関として多くの成果をあげてきたところである。

0.3.2　全国最大規模の総合型教職大学院の創設

　東京学芸大学は，2008年4月に，全国で最初の教職大学院を創設した。教職大学院のミッションは，①学部段階で教員としての基礎的資質・能力を修得した者を対象に，実践的な指導力を備え，新しい学校づくりの有力な一員となり得る新人教員を養成すること，②現職教員を対象に，地域や学校において指導的役割を果たし得る教員等として不可欠な確かな指導理論，優れた実践力・応用力を備えたスクールリーダーを養成することにある。

　東京学芸大学教職大学院は，当初30名の定員でスタートしたが，その後，2014年4月から「学校組織マネジメントコース」「カリキュラム授業デザイン研究コース」（定員40名）に改組し，教育内容をより専門化し，学卒院生と現職院生の固有のニーズに対応した教育組織に組み替えている。教職大学院は，組織マネジメントやカリキュラムデザイン等の教職に関する教育の高度化を主眼として展開し，現在，鳥取県を除くすべての都道府県に教職大学院が設置されるに至っている。

　そして，教職大学院は，第2ステージを迎えようとしている。東京学芸大学は，教育学研究科創設以来の大改革に着手し，2019年度から教職大学院を大幅に拡大し，学校に期待されている多様な教育ニーズに応えるために，全国最大の定員210名の総合型の教職大学院に転換した[2]。新しい教職大学院は，従来の教職大学院では限定的に展開されてきた，教科教育，特別支援教育，現代的教育課題に関するプログラムを本格的に導入し，学校教育や教師の多様なニーズに応えるために，全国型，総合型の教職大学院として新たなスタートを切ることとなった。新教職大学院は，「教育実践専門職高度化専攻」の一専攻からなり，カリキュラム履修上のパッケージとして5つのプログラム（①学校組織マネジメントプログラム，②総合教育実践プログラム，③教科領域指導プログラム，④特別支援教育高度化プログラム，⑤学校プロジェクトプログラム）で構成している。なお，③教科領域指導プログラムは，さらに，カリキュラム科目履修上のパッケージとして17のサブプログラム（国語教育，社会科教育，数学教育，理科教育，音楽教育，美術・工芸教育，書道教育，保健体育教育，技術教育，家庭科教育，英語教育，情報教育，幼児教育，養護教育），⑤教育プロジェクトプログラ

---

2) 修士課程については，次世代日本型教育システム研究開発専攻（定員20名），教育支援協働実践開発専攻（定員89名）の2専攻からなる組織再編を行った（2018年8月認可）。次世代日本型教育システム研究開発専攻は，社会のグローバル化に対応し，日本の教育システムの特徴を引き継いだ次世代型教育システムの研究開発を行うことを目的とする。また，教育支援協働実践開発専攻（教育AI研究プログラム，臨床心理学プログラム，教育協働研究プログラムで構成）は，チームによる教育支援協働を研究開発し，チーム学校や地域学校協働を推進するリーダースタッフ，高等教育機関教育者・研究者の養成を目的としている。

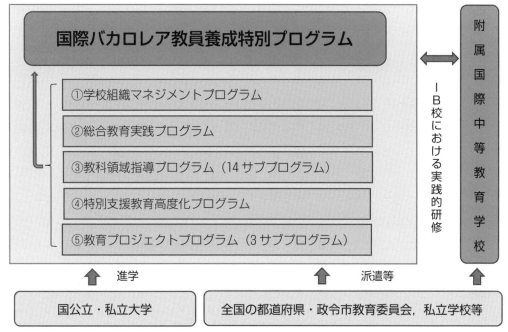

〈東京学芸大学教職大学院〉

国際バカロレア教員養成特別プログラム

①学校組織マネジメントプログラム

②総合教育実践プログラム

③教科領域指導プログラム（14サブプログラム）

④特別支援教育高度化プログラム

⑤教育プロジェクトプログラム（3サブプログラム）

IB校における実践的研修

附属国際中等教育学校

進学　　国公立・私立大学

派遣等　全国の都道府県・政令市教育委員会，私立学校等

図0-1　新教職大学院とIB教員養成特別プログラム

ムは3つのサブプログラム（学校教育課題，国際理解・多文化共生教育，環境教育）で構成されている。

　元来，教員養成，教師教育の高度化を担う教職大学院には，スクールリーダーに求められる実践的指導力を育成するための教育内容，効果的な教育方法，そのための指導体制の開発など，優れた実践的指導力を備えた教員を養成するための教育モデルを開発，提供することが期待されている。新教職大学院では，全国で初めて国立教員養成大学の教職大学院にIB教員養成プログラムを「国際バカロレア教員養成特別プログラム」（以下「IB教員養成特別プログラム」）として開設した。IB教育について学びたい現職教員，学卒院生は，5つのプログラム（17のサブプログラム）のいずれを学んでいても，IB教員養成特別プログラムに参加できる仕組みが整備されている。

0.3.3　東京学芸大学におけるIB教員養成特別プログラム

　東京学芸大学IB教員養成特別プログラムは，他のプログラムにはない特徴をもっている。第一には，国立の教員養成系大学に初めて開設されたIB教員養成プログラムであること，第二には，わが国ではじめて教職大学院（専門職大学院）に開設されるIB教員養成プログラムであること，そして，第三には，附属国際中等教育学校という実践・研修の場を備えたプログラムであるということである。

（1）広域型の国立の教員養成系大学におけるIB教員養成プログラム

従来，IB教育はインターナショナル・スクールなど学校教育法の管轄外の教育機関を中心に実施されてきた。東京学芸大学IB教員養成特別プログラムは，国立の教員養成系大学・学部に設置されたはじめてのIB教員養成プログラムである。学部レベルにおいて，各地域の教員養成の中核として重要な役割を担ってきた国立の教員養成系大学・学部に設置されたことは，学校教育法の下でIB教育を展開するうえで重要な意味をもつものといえる。

特に，東京学芸大学は，首都圏，関東ブロックにおける学部，大学院における教員養成の拠点となっているだけでなく，全国各地から多くの学生が入学しており，広域型の教員養成機関としての性格を有している。東京学芸大学は，学部の定員1010名，大学院においても教職大学院と修士課程を合わせて318名という大規模な定員を有しており，規模の面でも，IB教育の全国的普及に対して一定の役割を果たし得る条件を備えているといえる。

また，日本においてIB認定校を普及するための大きな制度的桎梏は，学校教育法の規定する「一条校」（幼稚園，小学校，中学校，中等教育学校，高等学校等），特にカリキュラムの共通性の強い枠組みが求められる公立学校に適合的なカリキュラムとして展開することの難しさにあると言われている。その点でも，国公私立における教員養成のための人的，物的条件を広く十分に備えた東京学芸大学においてプログラムを開設することの意味は大きいと考えられる。

また，近年，学校教育においては「主体的，対話的で深い学び」（いわゆるアクティブ・ラーニング）の視点の重要性が指摘されている。「探究する人」「考える人」「振り返りができる人」などのIBの学習者像は，まさにこれらの視点と考え方を共有するものであり，初等中等教育における学びの質の向上という点で非常に親和性の高い教員養成プログラムであると考えられる。

（2）教職大学院に開設されたIB教員養成プログラム

日本におけるIB教員養成プログラムは，今まで学部や修士課程に設けられていた。2019年に開設される東京学芸大学のIB教員養成特別プログラムは，全国で初めて教職大学院に開設されるプログラムとなっている。

教職大学院（専門職学位課程）にIB教員養成プログラムを開設する趣旨は，第一には，IB教員養成プログラムは，単に教員資格付与のための科目群というだけでなく，IB教育に関する実践的指導力を備えた教員としての資質・能力を育むプログラムとして構想されるべきものであり，その点から高度専門職業人として，スクールリーダーとしての教員の育成を主眼とする専門職学位課程に設置することが相応しいと考えられるからである。第二には，IB教員養成のプログラムを深く理解し，さらには，高度な実践的指導力としての内実を伴った資質・能力を養成するためには，大学院レベルにおいて教育を行うことが必要であると考えられるからである。例えば，同プログラムのコアとなる三つの必修領域の一つであ

る「知の理論」(TOK: Theory of Knowledge) の内容は，「知識の本質」について考え，知識の構築に関する問いを探究する活動が中心となっている。このような高度な教育内容を学部レベルのカリキュラムとして構想することは非常に困難であり，大学院レベルに開設するのが適切であると考えられる。

(3) 研修・実践の場（附属国際中等教育学校）を備えたIB教員養成プログラム

東京学芸大学のIB教員養成特別プログラムは，IB認定校 (MYP, DPの両方の認定校) としての実績を備えた附属国際中等教育学校における実地の研修と一体となって展開されるところに，大きな特色を有している。

IBの教育カリキュラムは，探究型の教育プログラムであり，コミュニケーションや思考，振り返り，さらには人間としての思いやりを重視する教育プログラムである。東京学芸大学のプログラムは，教室の中で学ぶだけでなく，附属国際中等教育学校など研修校における参観や実践への参画，IB教育の実践家である指導教員とのディスカッション等を通じて，IB教員として資質・能力を実質的に育成することをめざしている。東京学芸大学のプログラムはそのような条件が備えられている点で，他大学のプログラムにはない大きな優位性を有しているといえる。

(4) IB教員養成プログラムの認定要件

東京学芸大学のIB教員養成プログラムでは，MYP教員とDP教員の2つの種類の認定を受けることができる。同プログラムを修了するためには，次の3つの条件をクリアする必要がある。つまり，①教職大学院に開設されているIB課目の修得 (MYP教員認定科目，DP教員認定科目から指定された科目を修得)，②IB認定校等で行われるIB研修の修了，③教職大学院の修了（学位取得）である。

東京学芸大学の教職大学院では，高度な実践的指導力を備えたスクールリーダーを養成することをミッションとしている。③教職大学院の修了を，IB教員養成プログラムの要件に位置づけることは，IB教育におけるスクールリーダーを養成するうえでの大きな意義を有するものと思われる。

0.4 おわりに――国際バカロレア教育の可能性――

国際バカロレア教育は，グローバル教育の展開というだけでなく，探究型カリキュラム，産業界の求める人材育成プログラムなど多様な意義を認められている。特に，国際バカロレア教育が，一条校に広まりつつあることは，わが国の学校教育のシステムの中に確固とした位置づけを獲得しつつあることを意味している。

国際バカロレア教育が，日本の学校教育に浸透していく過程において，東京学芸大学附属国際中等教育学校は，全国ではじめての国公立のIB認定校として，国際バカロレア普及のための事務局校として，教育委員会からのIB教育の研修校として先導的な役割を果たしてきた。また，教師教育の高度化の全国的拠点として東京学芸大学教職大学院に「国際バカロレア教員養成特別プログラム」が開設され，IB教員の本格的な養成がスタートしたことは，国際バカロレア教育が教師教育を通じて全国的に展開する重要な契機となるものと思われる。

　国際バカロレア教育が有する潜在的な可能性は，IBに関わる者が，その本質についての理解をさらに深め，教育実践の中で内実への確信を得ることで開花していくものと思われる。本書が，その一助となることを期待している。

［佐々木 幸寿］

【引用・参考文献】

国際バカロレアを中心としたグローバル人材育成を考える有識者会議 (2017)「国際バカロレアを中心としたグローバル人材育成を考える有識者会議　中間とりまとめ」(2017年5月)。http://www.mext.go.jp/b_menu/houdou/29/05/__icsFiles/afieldfile/2017/05/26/1385712_001_2.pdf　(2019年5月1日最終閲覧)

国際バカロレア日本アドバイザリー委員会 (2014)「国際バカロレア日本アドバイザリー委員会報告書～国際バカロレアの日本における導入推進に向けた提言～」(2014年4月)。http://www.mext.go.jp/a_menu/kokusai/ib/1356327.htm　(2019年5月1日最終閲覧)

佐々木幸寿 (2018)「国立・私立大学間連携による教職大学院を拠点とした教員養成の高度化の取り組みについて」『シナプス』ジダイ社，2018年5月号，pp.13-17。

佐々木幸寿 (2018)「総合政策としての教師教育の展開に向けて―教員養成の高度化，地域システムとしての教員養成，教職の専門性基準の視点から―」『学校教育研究』第33号，pp.22-34。

次橋秀樹 (2017)「A.D.C.ピーターソンのカリキュラム構想に見る一般教育観―シックス・フォーム改革案から国際バカロレアへの連続性に注目して―」『カリキュラム研究』第26号，pp.1-13。

内閣府 (2016)「第5期科学技術基本計画」(2016年1月22日閣議決定) https://www8.cao.go.jp/cstp/kihonkeikaku/5honbun.pdf　(2019年5月1日最終閲覧)

日本経済団体連合会 (2016)「今後の教育改革に関する基本的考え方　第3期教育振興基本計画の策定に向けて―」(2016年4月)

渡邉雅子 (2014)「国際バカロレアにみるグローバル次代の教育内容と社会化」『教育学研究』第81巻第2号，pp.40-50。

Resnik, Julia (2008). "The Construction of the Global Worker through International Education", *The Production of Educational Knowledge in the Global Era*, Rotterdam: Sense.

日本国内での IB教育実践と課題
——東京学芸大学附属国際中等教育学校 の取り組みとともに——

第1部では，第1章をIB教育における理論編と位置づけ，IB教育とはどのようなものか，その原点となる考え方に焦点を当て論じる。また，第2章では，IB教育の実践に焦点を当てる。東京学芸大学附属国際中等教育学校において，十年以上蓄積された経験からの示唆を紹介する。IB教員をめざそうとする方，また，日々，IB教育の実践をともに担っている方々には大いに参考となるだろう。そして第3章においては，今後のIB教育全般に関する課題を取り上げる。この課題は，日本でIB教育を実施していくために克服しなければならないもので，個人レベルから国の政策としての課題も含んでいる。

第1章　国際バカロレア(IB)教育とは
──IB教育プログラムの構造と特徴──

1.1　国際バカロレア（IB）教育とは

1.1.1　国際バカロレア（IB）教育の使命

　国際バカロレア（IB：International Baccalaureate）教育（以下，「IB教育」と略記）は，非営利教育財団である国際バカロレア機構（International Baccalaureate Organization）が提供する，全世界共通の教育プログラムである（詳しくはIBOが示す各ガイドブックを参照されたい）。

　IBはその使命を，次のように示している。

　「国際バカロレア（IB）は多様な文化の理解と尊重の精神を通じて，より良い，より平和な世界を築くことに貢献する，探究心，知識，思いやりに富んだ若者の育成を目的とします。／この目的のため，IBは，学校や政府，国際機関と協力しながら，チャレンジに満ちた国際教育プログラムと厳格な評価の仕組みの開発に取り組んでいます。／IBのプログラムは，世界各地で学ぶ児童生徒に，人が持つ違いを違いとして理解し，自分と異なる考えの人々にもそれぞれの正しさがあり得ると認めることのできる人として，積極的に，そして共感する心を持って生涯にわたって学び続けるよう働きかけていきます。」（文部科学省IB教育推進コンソーシアム「IBとは」）

　このように，IB教育の目的は，平和な世界を築くために多様な文化を理解し，尊重し認め合うことのできる人物を育成することである。その実現に向け10の「IBの学習者像」を提示し，IBの使命を達成するために必要な学びの姿を示している。1.4.1にて詳述するが，このIBの学習者像は根幹をなす4つのIB教育プログラム全般（1.2で詳述）において一貫して追究されている。また，IB教育を学ぶ過程において，この学習者像すべてを常に意識し，学習者としてのコンピテンシーを獲得することが，この教育プログラム全体を通して重要な課題となっている。

1.1.2 国際バカロレア（IB）の教育理念

　IBプログラムの歴史は，第二次世界大戦後のヨーロッパから始まる。終戦後のヨーロッパでは政治・文化・経済において，ヨーロッパ統一の理想が掲げられ「ヨーロッパ共同体」がつくられた。その中で生まれた国際学校（インターナショナルスクール）が「ヨーロッパ学校」であり，最初の学校が1953年にルクセンブルグ校として開校した。このヨーロッパ学校では，「ヨーロッパ学校規約」により，基本的な教育は，7か国の公用語で実施され，カリキュラムは同一であった（西村 1989：16）。このことは，学校教育において教員の確保をはじめ，教育の均等化などさまざまな問題を抱えることとなった。またヨーロッパ学校では，「ヨーロッパ・バカロレア」試験という統一試験が行われ，この試験結果によって，加盟国の中等学校修了時に得られる資格と同等の便宜および大学入学の権利を有するものとされていた（西村 1989：19）。当初これらの課題は，常にヨーロッパ学校それぞれの負担となっていた。この諸課題に対応するため，1967年，ジュネーヴに国際バカロレア事務局が設立され，諸国際機関や国家内のさまざまな機関が連携し，国際バカロレアのための常設政府間会議が設けられている。このようにヨーロッパ学校という国際学校の一姿から始まり，加盟国（7か国）共通試験であるヨーロッパ・バカロレアから，世界の国々が参加する「国際バカロレア」へと発展し現在の基礎がつくられた。また，現在国際バカロレアとして実施されるカリキュラム（教育課程）は，1985年に改定された「国際バカロレア規約」により構造化されたものである。

　IB初代事務総長のアレック・ピーターソン（Alec Peterson）は「［教育の目的は］自己の内的環境と外的環境の両面における，身体的，社会的，倫理的，美学的，精神的な側面を理解し，修正し，享受するために，個人の能力を最大限に育てることである。」と述べている（Peterson 1987：33）。このような考え方が基礎となり，探究学習や概念理解を中心とするIB教育の理念が形作られた。

　このピーターソンの示すIB教育スタート当初の教育理念は，その後，長年にわたって世界各国のIB教育に取り入れられ，国の事情に応じてアレンジされながら実践されていった。その結果，さまざまな事例や課題が世界中で共有され，検証・研究されていくこととなった。またIB教育において求められる学習者の姿や，身につけさせたい概念，さまざまな文脈から読み解く力，批判的思考といったIB教育の本質がさらに発展し，その結果として今日におけるIB教育の姿がある。「学校教育で，身につけさせたい概念はどのようなもので，どのようにして身につけさせるか」「探究活動をどのように評価し，個々の学習者の成長につなげるか」「批判的思考とはどのようなもので，どのようにそれを意識させるか」などの本質的な課題に世界中が取り組み，改善を繰り返してきた。

1.2 IBプログラムの種類

　IB教育では3歳児から，高校3年の青年前期まで，その年齢に応じて4つの国際教育プログラムが用意されている。それぞれのプログラムは独立しており，各学校が選択して実施することが可能である。また，小中一貫校や中高一貫校においては，2つのプログラムを実施することもできるし，いずれかのみの実施も可能である。

　①初等教育プログラム（PYP）；日本の幼稚園から小学校までに相当する学齢を対象とするプログラム
　②中等教育プログラム（MYP）；日本の中学校と高校1年生までに相当する学齢を対象とするプログラム
　③ディプロマプログラム（DP）；日本の高校2年と3年に相当する学齢を対象とするプログラム
　④キャリア関連プログラム（CP）；DPと対象学齢は同じだが，職業科を中心とするプログラム

　それぞれが独立したプログラムとなっており，いずれかを実施する学校もあれば，複数実施している学校もある。

1.2.1 PYP（Primary Years Programme）

　PYPでは「小学校段階の児童にとって特に重要なのは，文脈の中でスキルを身につけることと，児童自身に関連する内容かつ従来の教科の境界線を越えるテーマを探究すること」とされている（国際バカロレア機構 2014a：10）。そのためこのカリキュラムでは，国際教育の文脈において不可欠とされる人間の共通性に基づいた6つの教科横断的テーマである「探究プログラム」（POI：Programme of Inquiry）を中心に据えているのだ。すなわち，「私たちは誰なのか」，「私たちはどのような場所と時代にいるのか」，「私たちはどのように自分を表現するのか」，「世界はどのような仕組みになっているのか」，「私たちは自分たちをどう組織しているのか」，「この地球を共有するということ」の6つである。そのため，各学校で実施される教科の学習においてその枠を超えた教科横断的テーマを重要な問いとして，学びを進めることになる。PYPでは，7歳から指導言語のほかにもう一言語を学ぶことになる。教科の学習ではその教科の枠を超えて，POIに加え「概念・知識・スキル・姿勢・行動」の5つの「基本要素」のすべてに配慮するようカリキュラムが構成される。

1.2.2 MYP（Middle Years Programme）

　MYPカリキュラムは，PYPで身につけた知識・概念・スキルをさらに高度なものへと発展させていくことを目的としている。そのためMYPでは，「言語の習得」「言語と文化」「個人と社会」「数学」「デザイン」「芸術」「理科」「保健体育」の必須教科が指定される。ここでの学びの特徴は母語を用いながら，各教科に共通する概念とその教科特有の概念を理解し，各教科の学び方を学ぶことを目的としている。また，教科によらないPYPの学習をより発展させるため，IB教育の基本は，MYPの学習で形成される。そして次なるDPでの学びを深めるために，MYPでの学びが有効である。さらに全教科の学びに加え，「学習の方法」「奉仕活動」「パーソナルプロジェクト」といった，DPにおける，コアカリキュラムにつながる学習活動に，学校全体として取り組まなければならない。またPYPにおけるPOIと，DPにおけるTOKをつなぐものとして，探究の文脈である「グローバルな文脈」について，MYPでは取り組むことが重要となる。

1.2.3 DP（Diploma Programme）

　DPカリキュラムでは，これまでに獲得した概念や学習スキルを活用することで，汎用的な資質・能力の成熟をめざす。高等教育機関（大学）での学習準備的な位置づけではあるが，単なる進路実現（受験）を目的とした学びではない。DPカリキュラムでは，コアと呼ばれる3つの学びの領域がある。「知の理論（TOK：Theory of Knowledge）」は最低100時間実施することが推奨され，「課題論文（EE：Extended Essay）」および「創造性・活動・奉仕（CAS：Creativity, Activity, Service）」は十分な時間が考慮されなければならないとガイドに記されているとともに，領域すべてを履修する必要がある。また，このコアにおける学びをより深めるために6つの教科；「言語と文学」（グループ1）・「言語の習得」（グループ2）・「個人と社会」（グループ3）・「理科」（グループ4）・「数学」（グループ5）・「芸術」（グループ6）が準備されている。各教科は複数の科目群から構成され，それぞれの科目ごとに，標準レベル（Standard Level，以下SL）科目が150時間，上級レベル（Higher Level，以下HL）科目が240時間と設定されている。「芸術」は，他の教科・科目に変更することができるなど，どの科目を選択し組み合わせるかは，生徒それぞれの興味や学びの目的によってある程度の自由度が与えられている。各学校においてカリキュラムをデザインするにあたり，さまざまな条件が指定されているので，ぜひガイド（「DP:原則から実践へ」）を参照されたい。履修にあたっては，DPコーディネーターと科目担当は「生徒が履修する科目が，生徒の現在および将来のニーズに最も適したものであり，かつ学習意欲を引き出す適切な科目であることを確かめなければ」ならないとされている（国際バカロレア機構 2014b：30）。

［赤羽 寿夫］

1.3 「指導」に関する特徴──Approaches to Teaching──

IBの教育はIBが提供する4種類のプログラムに共通している6つの指導のアプローチ（Approaches to Teaching）と5つの学習の方法（Approaches to Learning）で特徴づけられる。これらの特徴は最新の教育に関する研究をもとにIBがIB認定校の教員の声を反映させながらまとめ，これをIB認定校の教員にわかりやすいようにIB発行の各種ガイド等に掲載し，ワークショップで体験的に学べる仕組みになっている。ここではまず，*What is an IB education?*（『国際バカロレア（IB）の教育とは？』）の6つの指導のアプローチをもとに解説する。5つの学習の方法については次節の1.4.2を参照いただきたい。

1.3.1　指導のアプローチ①　Based on inquiry

> 「**探究を基盤とした指導**：児童生徒がそれぞれ独自に情報を入手し，独自の理解を構築することが重視されています。」
> （国際バカロレア機構 2017：8）

IBでは探究型の学習を重視している。IBが推進する探究学習は実は特に新しいものではなく，ジョン・デューイ（John Dewey）の経験主義，ジェローム・ブルーナー（Jerome S. Bruner）の発見学習，デューイやレフ・ヴィゴツキー（Lev S. Vygotsky）に由来する教育における社会構成主義の考え方などを活かした学習方法である。与えられた知識を無批判に受け入れるのではなく，最終的には自ら発見した課題に対して課題解決を創造していくことでIBの使命にある「よりよい世界，より平和な世界」に貢献できる人材を育成するために，日々の授業の中で意味のある探究型の学習を行うのである。この最終目標に到達するために，児童生徒はまずは教師が用意した探究活動を通して，課題発見や課題解決の本質を理解することから始める。探究学習の基礎はすでに児童生徒が持っている知識や経験で，これが新たな学習の礎となる。したがって教師は各生徒の既習知識やこれまでの経験を適切に把握したうえで単元を設計していくことが重要となる。

IBではカリキュラムにある各単元は，教科書にあるから実施したり教えたりすることが中心の単元ではなく，重要な学びや気づきを導くための，探究のための単元であると考える。何のためにこの単元があるのかを児童生徒が主体的に学べるような探究の問いを投げかけることによって，児童生徒にその答えを探してくことを奨励する（国際バカロレア機構 2018：74）。単元が終わるころには，児童生徒は探究の問いに対する自分なりの答えをもち，それをさまざまな形態で表現することで，自分自身の学びを意識化し，可視化し，他者に伝えていくのである。学年が進行するに従って，探究学習は生徒主導にデザインされていき，自ら課題発見，課題解決をしていく習慣がついてくる。このような学習は，これまでの所

謂「日本型」と言われる教育を行ってきた教師の仕事の質を変えることになる。

　そのひとつは教師の単元のデザイン力が試される点である。何を学んで欲しいのか，どのような道すじを立てて探究活動を計画するのかを真剣に考えることが必要になるため，IBではこれを単元設計と呼ぶ。子どもたちの既習事項や学校を取り巻く環境（児童生徒の特徴，クラスの人数，地域の特色など）を考慮したうえで，児童生徒に魅力的な題材を選びつつも，単元の狙いに確実に到達できる活動を考案していくことは，これまでの知識をどのように定着させていくかを準備の焦点にしていた授業の計画とは全く異なるのである。この単元設計の活動そのものが教師にとっての探究活動であるともいえるであろう。

　2つめの変化は，このような探究学習の活動においては教師の役割が知識を与える役割から一緒に考える役割へと変化してくる点である。どう効率よく教え，内容の定着率を上げるかではなく，如何に児童生徒に考えさせるかが重要になり，教師は教える人から学びの支援者，つまりファシリテーターとしての役割が増えてくるのである。

　授業が変わり，教師が変われば，生徒にも大きな変化が起きる。これまで先生の言うことを一生懸命聞き，ノートをとり，試験のために覚えるという作業をしてきた児童生徒たちであるが，探究活動では与えられた素材や活動を通して新しい知識や経験を意味づけして，自分の学びとして再構成していく力が要求される。例えば小学校の理科で「気候は人間の生活の仕方に影響を及ぼす」ということを学んで欲しい時に，「気候は人間の生活の仕方に影響を及ぼすのですよ」と授業で伝え，それを示す例を沢山紹介する。でもこれでは児童は「気候は人間の生活の仕方に影響を及ぼす」と覚えるだけになってしまい，そのことの実感も学びもないことになる。一方，探究学習では「人間の生活の仕方に変化をもたらすものは何か？」「気候は人間にどのような影響を与えるのか？」という疑問をもたせ，教師が考えた気候が人間の生活の仕方に影響を及ぼしてきた事例に触れさせる活動を通して，「気候は人間の生活の仕方に影響を及ぼしてきたんだな」と教えられるのではなく，自分たちで気づくことをめざす。このような学習を経験した子どもたちは，さまざまな社会の動きや自然現象を見聞きするだけではなく，それらに注意を向けるようになり，そしてそれらが何を意味しているかを自分自身で考える習慣がつき，学校を卒業しても，生涯にわたって主体的に学び続ける人材として育つのである。

1.3.2　指導のアプローチ②　Focused on conceptual understanding

　　「**概念理解に重点を置いた指導**：各教科における理解を深め，児童生徒がつながりを見出し新しい文脈へと学びを転移させることを助けるために，概念の探究が行われます。」

　　　　　　　　　　　　　　　　　　　　　　　　　　　（国際バカロレア機構 2017：8）

　IBでは概念の理解を重要視している。これはリン・エリクソン（Lynn Erickson）の概念

理解型アプローチにその源があり，IBはエリクソンをコンサルタントとして迎え，協力してプログラムの改善に努めてきた。なぜ概念を理解することが必要なのか。それは現在の教育を取り巻く状況にある。現代の教育の在り方は社会の変化に追いついていない（Wagner 2010：9）。現代の教育は今でも印刷機がまだ普及していなかった時代の考え方に影響を受けているのではないか。当時は知識を記録して，市民がそれを共有する術が今ほど発達していなかった。だから「歩く辞書」と言われるような知識を沢山蓄積していて，いつでも取り出せる人が重宝がられたのである。「頭のいい人」というのは恐らく多くの知識を有している人のことを意味したと推測できる。では現代の社会はどうか。あらゆる知識はインターネットによって瞬時にだれでもアクセスできるようになっている。ひとたびキーワードを入力し検索するとおびただしい量の情報が提供される。こうなると知識を沢山もっている人は不要になってしまう。現代の「頭のいい人」は，知識を沢山もっている人ではなく，むしろおびただしい量の情報の中から信頼できる情報や自分に必要な情報を適切に取捨選択して，それを活用できる人に変化してきているのではないだろうか。つまり現代の社会では知識より重要なものが存在しているのである。

　これまで我々は知識が重要と考えてきたので，いかに知識を体系的に効率よく子どもたちに伝えていくかを考えてきた。しかし，この激動の時代に知識もどんどん新しくなっていく。今日教えている情報が，児童生徒たちが社会に出て活躍する頃には，すでに古くなってしまっている可能性がある。では学校は何をすればいいのか。教育にできることは何なのか。そこでIBが重要と考えるのが「知識」ではなく「概念」である。「概念」とは時代を超えて活用でき，抽象的で，普遍的で，1，2語で表すことができる個別の知識を超えた，他の学習に転移可能で一般化できる大きな考えである（Erickson 2002：50-57）。そして，これを活用してカリキュラムを逆向きに設計して永続的な理解につなげることが重要である（Wiggins and McTighe 2005：13-21，128-129）。

　では具体的に概念とは何か。例えば，小さい頃，世界の国旗とその国名を覚えることに夢中になったことがある人も多いと思われるが，その個別の知識は，その後あまり役に立つことがない。国旗だけを提示されて，国の名前を挙げることが必要になる場面も，その逆の場面もクイズ番組以外はほとんどないからである。しかし，国旗にはその国の歴史や政治制度や国民の希望が表されていることが多い。そのことに気づき，国旗を国の「表象」として捉え，言語にできない事象や言語以外で表すことが必要な事象に出会った時，あるいはそのような表象を創造する立場になった時に，「表象」の概念が活きてくるのである。音楽も「表象」であり，理科の分子モデルも，美術で習うピクトグラムも「表象」である。どのような「表象」でもすべての要素を表象することはできないが，重要な要素を見極めて，イメージや言語を可視化していく「表象」を理解することは，ビジュアルな表象にあふれている現代の社会においては意味のある学びになる可能性を持っているのではないだろうか。

　IBでは知識は学びのゴールではなく，スタートであると考える。各教科で知識を学んで

それで終わってしまっていた教育から，知識を基礎に概念を形成して，他教科との有機的なつながりを求め，現実世界との結びつけ，深い知の形成を可能にするのが概念理解を中心とする学習である。「概念」は知識がないと形成できない。学んだ知識を少し広い視野で捉え，大所高所から分析する力こそが，今の児童生徒が社会で活躍する時に役立つ学びだと考える。

1.3.3　指導のアプローチ③　Developed in local and global contexts

　　「**地域的な文脈とグローバルな文脈において展開される指導**：指導には実際の文脈と例を用い，児童生徒は自分の経験や自分の周りの世界と関連づけて新しい情報を処理することが奨励されています。」 （国際バカロレア機構 2017：8）

　IBでは学びを文脈に位置づけることを重視している。ジョン・デューイは『学校と社会』（1899年）において以下のように語っている。

　「子どもの立場からみて，学校における大きな浪費は，子どもが学校のそとで得る経験を学校そのものの内部でじゅうぶんに，自由に利用することがさっぱりできないことから生ずる。しかも，他方において，子どもは学校で学んでいることがらを，日常の生活に応用することができないのである。これは学校の孤立—生活からの学校の孤立である。」（デューイ訳書 2017：90）

　これは現在の教育でもいえることである。小学校はともかく，中学，高校と学年が進むにつれて各科目に狭く特化した内容を取り扱うようになる。授業は観察や体験が減り，教師による一斉授業による講義や説明が一般的になる。そのような授業を受ける中で，生徒は「こんな勉強やって何になるのか」という疑問を抱きつつも，大学入試を突破するためには必要な知識と説明され，教えられた内容を覚えることに専念することになる。知識を生活に活用したり，現実社会と結びつけたりすることは稀であることから，教室での学習は社会から切り離されてしまっている。何の脈略もない多くの個別の知識をため込むだけのドリル的学習が長く続くのである。

　IBでは「こんな勉強やって何になるのか」という疑問をもたせないように学習内容と現実社会とを結びつけ，意味ある文脈に位置づけた学び，つまり文脈型学習を推奨している。文脈的指導と学習の方法ではつながりが意味を生み出すとし，児童生徒がある教科の学習内容を他の教科の学習内容と，あるいは自分自身の経験と結びつけたとき，学ぶ意味を発見することになり，それは学ぶ動機づけを高めるものであるとしている（Johnson 2002：43）。児童生徒は教室で学んでいることが，実際の社会や自然の現象を理解することに役立つという実感がないと，学ぶ動機も関心も低下する。逆に，自分の身の回りで起きていることを理解したり，自分の国で課題とされていることを解決できたりするという実感を

もてると，興味も湧き，もっと知りたい，もっと学びたいと思うのではないか。文脈型学習は自分の断片的な知識をより大きな枠組みの中に捉えて意味づけしていく学習であり，社会構成主義的な側面も強い。

　加えて脳科学分野の発展で学習の在り方も文脈を重視する方向にあり，既存の情報に新しい情報を関連づけることの重要性が説かれている（Parnell 2001：22-23, Jensen 1998：15）。文脈型学習の基本は学習指導要領で保証されている豊富で体系的な知識の学習内容を抽象化して異なる文脈に転移可能な学びに転換することであり，結果として汎用性の高い知性を獲得することになり，デューイの主張していた浪費が軽減されることになるのではないだろうか。

1.3.4　指導のアプローチ④　Focused on effective teamwork and collaboration

　「**効果的なチームワークと 協 働 を重視する指導**：児童生徒間でのチームワークと協働を促すだけでなく，教師と生徒間の協働関係もこれに含みます。」

（国際バカロレア機構 2017：8）

　IBでは協働学習を重視している。それは第一に，今，学校で学んでいる児童や生徒たちが社会で活躍する準備としての位置づけがある。「チーム学校」，「チーム医療」や「チーム開発」といった用語があるように，さまざまな業界でチームで課題に取り組むことがこれまで以上に多くなってきている。一人で黙々と作業するだけの仕事はいまやほとんどないと言っても過言ではないかもしれない。どの業界もグローバル化していて，日本人同士のチームだけではなく，国籍，宗教などバックグラウンドの異なる人々とコラボレーションしていく力が必要である。自分の得意とする分野がどこにあるのかを把握し，その分野での知識や専門性を発揮すべく他者にわかるように説明し，他者の得意とする分野の説明を聞き取り，理解し，それらを創造的に組み合わせるための議論と試行錯誤を忍耐強く繰り返し，発見した課題の解決をめざす協働する力が要求される時代である。経済産業省が定義する社会人基礎力における「チームで働く力」にあるように，発信力，傾聴力，柔軟性，状況把握力，規律性，ストレスコントロール力をもった，どのような人とも，すぐに気持ちよく仕事ができるチームワークに貢献できる人材の育成が目的である。

　IBが協働学習を重視する第二の理由は，ヴィゴツキーが提唱した発達の最近接領域の存在である。子どもが一人で到達できる発達の水準と大人や仲間が少し援助した時に達成できる発達の水準の差が「最近接領域」であり，そこにアプローチするには適切な支援が必要で，その支援があればいずれ一人でできなかったことができるようになるというものである（Vygotsky 1980：84-91）。この子どものもつ伸びしろを引き出すには，緻密に計画する必要はあるが，協働学習では自然と教え合いと学び合いが起き，ともに学ぶ仲間がいる学

校という場を最大限に活用することができる。細かい習熟度別の授業で同じような力をもった者同士で学んだり，家で一人でできるドリルを学校でするよりも，学校でしかできない多様な仲間との学びの機会を提供することが重要なのである。

1.3.5　指導のアプローチ⑤　Designed to remove barriers to learning

　「**学習への障壁を取り除くデザイン**：指導は包括的で，多様性に価値を置きます。児童生徒のアイデンティティーを肯定し，すべての児童生徒が自身の適切な個人目標を設定し，それを追求するため，学習機会を創出することを目指します。」

（国際バカロレア機構 2017：8）

　IBではインクルージョンと指導の個別化を重視している。IBの使命にあるように，IB教育は多様性を尊重している。選ばれし者たちだけのための教育ではなく，できるだけ多くの子どもたちに享受してもらえるようにアクセシビリティを高めることが重要とされている。その結果としてIBの教育現場はさまざまな意味での多様性が存在することになる。IBの学習多様性のガイドは，IBにおけるインクルージョンとは児童生徒を，他の生徒と異なるからといって隔離するのではなく，一人ひとりの児童生徒の個別のニーズに積極的に反応することであると定義している。そして，インクルージョンとは障壁となる要素を特定して，それを除去していくことを通して，すべての児童生徒に学習へのアクセスとつながりを強化していく過程であるとしている。そしてその過程においては，多様な学習経験を提供することを前提とする教室内での個別化や差別化という継続的な学習目標と学習方法の見直しと最適化の手段によって実現していくものなのである。

　IBでは特別な支援が必要な子どもたちに対応するための優良実践には，①アイデンティティーの肯定と自尊心の構築，②既習事項の重視，③足場かけ，④学習の拡張が重要であると考える。そしてこれらの要素は特別な支援を必要としている児童生徒のみならず，すべての児童生徒の学びに活用できる授業改善の方策でもある。もともと教育における個別化や差別化の考え方は学習遅滞の子どもへの救済として捉えられてきた手段であるが，多重知能理論のガードナーや三頭理論のスタンバーグなどの出現後は，すべての児童生徒に有効な原則として，また実践として認識されるようになった（IBO 2010）。そしてIB教育もその流れの中で，できる限り誰にでも開かれているように展開されるようになったのである。そしてこれもまた，多様な児童生徒が存在するIBの教室の現状を活かすことにつながると考えられる。

1.3.6　指導のアプローチ⑥　Informed by assessment

　「**評価を取り入れた指導**：評価は学習成果の測定だけでなく，学習の支援においても重要な役割を果たします。効果的なフィードバックを児童生徒に提供するということも，重要な指導方法のひとつとして認識されています。」　（国際バカロレア機構 2017：8）

　IBでは評価を重視している。児童生徒の学習状況の把握という意味では，診断的評価，形成的評価と総括的評価を区別している。ある単元に入る前に，診断的評価として児童生徒の既習事項や生活体験を把握する。それはIB教育が構成主義の考えに基づいて，学びとはこれまでの学習と新しい学習を統合して，児童生徒が物事の理解を自分なりに再構成すると考えているからである。

　学習の組み換えが可能になる授業計画を構想するために診断的評価は重要である。形成的評価とは，実際の授業が構想通りに展開しているかを把握し，授業計画を単元の途中で見直したり，つまずいている子どもたちを支援したり，特別な興味関心をもつ子どもたちに発展的な学習を取り入れたりすることにつなげるものであり，最終的な評定をつけることに活用するものではない。成績づけに活用するのは総括的評価である。これは単元の終了時に，その単元の目標に十分に到達できたかということを教師と児童生徒の双方が確認することができる手段である。IBでは教師の授業改善や児童生徒が自身の学びを深めるための形成的評価と学習成果を測定したり，進学先等へ報告するための総括的評価を明確に区別する。これは「学習の評価」，「学習のための評価」，そして「学習としての評価」という新しい評価の捉え方と同じであるといえる。

　次にIB教育で重視しているのが目標に準拠した評価であり，指導と評価の一体化である。単元の目標が設定されると自ずとそれは評価規準（評価の観点）となる。IBでは単元を設計する段階で目標を決定し，評価の観点を決定する。そしてその目標と評価の観点は児童生徒や保護者と共有され，総括的評価は年間および学期の目標と評価の目安に由来する単元の目標と評価観点を踏まえたテストやレポートといった特定の評価課題の評価の目安（評価基準としてのルーブリック）をもとに実施される。つまり総括的評価の課題は単元が始まる時にすでにできあがっていることが可能なのである。単元の最後に行われる急ごしらえのテストのみで成績を決めたり，逆にノート点検など形成的評価と捉えられるものも成績に反映したり，「どうしてこんな成績なの？」と疑問が湧くような説明責任を果たしていないような評価に陥ることもない。こうして児童生徒は教師が単元の目標として設定した身につけて欲しい知識，スキルや態度を身につけやすくなり，より高い到達度が期待できるようになる。

　さらに，単に児童生徒の成績をつけるという意味での評価だけではなく，教育のあらゆる側面を継続的に見直していくための評価も重視している。例えばカリキュラムの評価。

表1-1　IBの指導のアプローチと関連領域

IBの指導のアプローチ		参考となる学習理論等		参考となる学習指導要領における関連キーワード等
探究	探究学習	John Dewey	Empiricism	・総合的な学習の時間 ・主体的な学び ・生きる力 ・未知の状況にも対応できる生きて働く知識・技能の習得 思考力・判断力・表現力等の育成 ・問い
		Jerome Bruner	Discovery learning	
			Constructionism	
	探究の問い	Grant Wiggins Jay McTighe	Essential question	
概念		H. Lynn Erickson	Concept-based learning	・深い学び
		Grant Wiggins Jay McTighe	Enduring understanding Backward design	・深い学び ・指導と評価の一体化
文脈		Elaine Johnson	Contextual teaching and learning	・学びを人生や社会に生かそうとする学びに向かう力・人間性等の涵養
		Dale Parnell	Contextual teaching and learning	
		Eric Jensen	Brain-based teaching	
協働		Lev Vygotsky	Zone of proximal development	・対話的な学び
個別化差別化		Howard Gardner	Theory of multiple intelligence	・特別支援 ・特別な配慮を必要とする生徒の支援
		Robert Sternberg	Triarchic theory	
評価		Michael Scriven Benjamin Bloom	Formative assessment Summative assessment	・目標に準拠した評価 ・観点別評価 ・指導と評価の一体化 ・学習評価の充実 ・カリキュラムマネジメント
			Criterion-referenced assessment	
		Wynne Harlen Lorna Earl	Assessment of learning Assessment for learning Assessment as learning	・学習の評価 ・学習のための評価 ・学習としての評価

意図したカリキュラムと実施されたカリキュラムと達成されたカリキュラムが乖離していないか点検を奨励している。また，IBでは単元設計が重要であり，ユニットプランナー（単元設計書）というテンプレートを活用して単元設計を行うが，この設計書を評価する文書も出版されている。常に，授業者として，学校として自らを振り返り，実践を評価して改善を尽くす姿勢が問われるのである。

　以上の6つの指導のアプローチはIB教育の特徴の一部ではあるが，IB教育はこれまで日本の多くの学校で実施されてきた一斉授業，習熟度別授業，知識記憶型授業，評価のあり方に少なからず改革をもたらす特徴をもっているといえるだろう。　　　　　　［星野　あゆみ］

1.4 「学習」に関する特徴

1.4.1 IBの学習者像

　IB教育の目的は，前述したように，平和な世界を築くために多様な文化を理解し，尊重し認め合うことのできる人物を育成することにある。このようなIBの使命を達成するためにIB教育では，「IBの学習者像」と称する10の学びの姿を定義している。その学習者像の考え方は，日本の学習指導要領の考え方とも共通しており，次のように整理される。

表1-2　IBの示す学習者像と日本の学習指導要領の考え方

IBの学習者像	日本の学習指導要領の考え方
探究する人	学習指導要領は，「探究」のプロセスを重視している。子どもたちが，学習内容を人生や社会の在り方と結び付けて深く理解し，これからの時代に求められる資質・能力を身につけ，生涯にわたって能動的に学び続ける人間の育成を目指している。
知識のある人	概念学習を中心とするIBの学びは，学習指導要領に示されている「何を学ぶか」「どのように学ぶか」「何ができるようになるのか」という視点の有機的な連携によって，より質の高い理解に導くことによって実現されるものと考えられる。
考える人	学習指導要領は，未知の状況にも対応できる思考力・判断力・表現力等の育成を柱としている。各教科等では「見方・考え方」という鍵概念を提示し，どのような視点で物事を捉え，どのような考え方で思考していくのかということを重視している。
コミュニケーションができる人	学習指導要領は，他者との対話や協働によって課題を解決していくことを重視している。対話や協働においては，IBが指摘するコミュニケーションの可視化，非言語コミュニケーションスキルの重視は，大きな意義をもつと思われる。
信念をもつ人	学習指導要領は，個としての尊厳とともに社会全体の利益を実現しようとする公共の精神を重視している。教育活動全体を通じ，自立した人間として他者とともによりよく生きる実践等により人間としての生き方の考えを深めさせようとしている。
心を開く人	社会に開かれた教育課程を提唱し，子どもたちが社会や世界に向き合い関わっていくための資質・能力を育むとしている。また，協働的な学びを進めるうえで，自分と異なる立場や考え方を理解し，良好な人間関係をつくることは重要な基盤である。
思いやりのある人	学習指導要領の基盤となっている人間尊重の精神は，生命の尊重，人格の尊重とともに，思いやりの心を根底においている。生きる力の柱である「豊かな心」は，他者との共生や異なるものへの寛容さなどを，重要な要素としている。
挑戦する人	学習指導要領は，予測困難な時代に，子どもたち一人ひとりが，その変化に受け身で対処するのではなく，主体的に向き合って関わり，その過程を通して，自らの可能性を発揮し，よりよい社会と幸福な人生の作り手となる力を育むことを目指している。
バランスのとれた人	学習指導要領は，「確かな学力」「健やかな体」「豊かな心」を総合的に捉えて生きる力を育むことを目指している。また，知識・技能の習得，思考力，判断力，表現力等の育成，学びに向かう人間性等のバランスを重視して資質・能力を育成している。
振り返りができる人	学習指導要領は，「主体的・対話的で深い学び」の視点など，協働，対話等を通じて，自己を振り返り，理解を深めることを重視している。また，形成的評価を重視するなど振り返りを学びの重要事項と位置づけている。

これらの学習者像が相互作用することで，以下のような効果が期待されている。

「知識のある人」と「考える人」の相乗効果は，学びそのものを追求し，メタ認知（自らを外観するように「何がわかっていて，何がわからないのか」の省察を繰り返すこと）につながるスキルを育成する。「探究する人」と「コミュニケーションができる人」「振り返りができる人」は，それぞれを形成する要素が互いに影響しあうことで，これまでの学びやこれから何を学ばなければならないか，自ら批判的思考をもって省察し，まとめるスキルが育成される。そして「信念をもつ人」「心を開く人」「思いやりのある人」の効果は，学び以外の社会とのリンクをさせることができるスキルを育成する。

この学習者像はすべての学校においてめざす学習者像である。つまり，IB教育ではすべての学校種・学年において共通した学習者像をめざしている。各学校では，その意味をさらに吟味したうえで学校での教育活動を展開してほしい。例えば「挑戦する人」というのは，本来の英語表記ではchallengerではなくrisk-takersとなっている。この挑戦する人というのは特にPYPでこれまで重要視されてきた。つまり，「小学生であっても高校生であっても常にrisk-takersでなければならない」ことを意味している。ここに日本語の表記では表せない，IB教育の理想が感じられてくる。このように一つひとつの学習者像をそれぞれの学校において分析し，それぞれの学校がめざす学習者像と比較することも，とても重要になる。

[赤羽 寿夫]

1.4.2　IB教育を特徴づける5つの「学習の方法」（ATL：Approaches to Learning）

（1）学校教育とATLスキルの5つのカテゴリー

IBプログラムでは，5つの学習の方法（ATLスキル）として表1-3のような5つのカテゴリー（(1)〜(5)）が設定されている。また，MYPでは各カテゴリーにつき1〜3つ，合計で10のスキルクラスター（①〜⑩）が設定されている。

これらのスキルは，いずれもIBの学びだけに特化した特殊なものではなく，国内外を問わず，幼小中高の学校種の違いも超えた，汎用性のある普遍的なスキルであるといえる。学校教育に関わるすべての教師が，意識するしないにかかわらず，学習指導において，幼児・児童・生徒に対しこれらのスキルの伸長を図る取り組みを行っているのではないだろうか。

それでは，学校教育全般において適用されるATLスキルは，IB教育においてどのように位置づけられて活用されているのであろうか。

IB教育では，このようなスキルを意識化し，さまざまな書類に記述して可視化することで，効果的な学びを実現させている。一例を挙げると，教員はユニットプランナーに，生徒はMYPであればPP（パーソナルプロジェクト）の報告レポートに，必ずATLを位置づける。『MYP：原則から実践へ』（国際バカロレア機構 2018：26）に，「ATLスキルは，生徒と教師

表1-3　ATLスキル5つのカテゴリーとMYPの10のクラスター

---

(1) **コミュニケーションスキル：Communication Skills**
　　① 　コミュニケーションスキル
(2) **社会性スキル：Social Skills**
　　② 　協働スキル
(3) **自己管理スキル：Self-management Skills**
　　③ 　整理整頓する力　　④ 　情動スキル　　⑤ 　振り返りスキル
(4) **リサーチスキル：Research Skills**
　　⑥ 　情報リテラシースキル　　　⑦ 　メディアリテラシースキル
(5) **思考スキル：Thinking Skills**
　　⑧ 　批判的思考スキル　　⑨ 　創造的思考スキル　　⑩ 　転移スキル

が学習プロセスを振り返り，そのプロセスを明確に示すための共通の言語としてはたらきます」と書かれているように，教員も生徒もさまざまな場面でATLを用いて学びについて評価し，成果と課題を整理して今後につながるように活用している。ATLは，教員が学習指導において意識することはもちろんのこと，生徒が自らの学びを振り返ってメタ認知したり，他の場面で学習成果（内容，スキル）を活用（スキルの転移）したりするうえで，非常に有効なツールとして機能する。「ATLスキルを効果的に用いた概念に基づくカリキュラムは，すべての生徒が，より有能で，より自己管理できる学習者となることを可能に」するのである（国際バカロレア機構 2018：127）。

（2）5つの学習方法（5つのATLスキル）の実際

　5つのスキルは，それぞれどのような点に焦点を当てているのであろうか。特に意識すべきであると思われる点や，スキルの名称からは意外に感じられる点を中心に，筆者の実践とのつながりを交えながら具体的に取り上げることで，ATLの概要を説明するという本項の目的を果たすことにしたい（以下の括弧内の引用は，いずれも『MYP：原則から実践へ』「付録1：ATLスキルの枠組み」より）。

　「**コミュニケーションスキル**」には，いわゆる対人コミュニケーションにおけるスキルだけでなく，「（情報を集め）推測し，結論を引き出す」，「異なる目的に応じて書く」，「授業において効果的なメモをとる」など，その前提となる個人内のスキルも含まれている点が興味深い。筆者が担当しているDP歴史やTOK（知の理論）では議論を中心に授業を展開しているが，生徒が事前に議論の準備をしたり，議論において主張されたさまざまな見解を整理するためにメモをとったりすることも，「コミュニケーションスキル」に含まれるのである。またDP歴史においてもTOKにおいても，生徒が分担して調査したことを発表し，そのことに基づいて議論する場面が多く，議論を通して各生徒の調査の成果を全員が共有することになる。このような学習場面では，「共感する」，「他者の成功のために手助けする」

「公平で，公正な決定をする」などの「**社会性スキル**」が不可欠となる。

東京学芸大学附属国際中等教育学校では，MYP生もDP生も授業で出される各教科の課題に加えて，学校内外のボランティア活動や研究活動，生徒主体による学校行事の企画運営などにも積極的に関わっており，非常に忙しい。「**自己管理スキル**」の「短期的課題や長期的課題に向けて計画を立てる」という資質・能力が不可欠である。しかし，常に順調にいくとはかぎらない。多忙な状況において「ストレスや不安を減らす方法を実践」したり，「「上手に失敗すること」を実践」したりするスキルも不可欠であるが，これらは自己管理スキルに含まれる要素である。

「**リサーチスキル**」の項目には，「情報にアクセスし，処理し，想起する際，個人的に好んでいる学習方法の利点と限界を理解する」，「さまざまな形式やプラットフォームで情報を提示する」という説明がある。筆者がDPの授業で使っている教室は，壁全体がホワイトボードマーカー利用可能になっている。生徒はグループで話し合ったことをその場で壁に書きながら論点を整理したり，それを使ってプレゼンテーションしたりするなど，アナログな方法の利便性もうまく活かしている。

「**思考スキル**」として挙げられている項目のうち，「述べられていない思い込みや偏見を認識する」，「反対の，あるいは対立する議論を展開する」，「確証のある問題への新しい解決策を創造する」，「推測し，「もし〜だったら」という問いかけをし，検証可能な仮説を立てる」というスキルは，DP歴史において生徒が常に意識している。歴史に限らず，探究活動において最も基礎基本となるスキルが，「課題を認識し評価する」である。要は問いの趣旨を理解してそれに的確に答える（応える）ということであるが，これは簡単なようで意外と難しい。DP歴史は最終試験もエッセイライティングが中心である。探究課題（問い）に答えるには，論拠となる多くの知識が必要となる。しかし，問いに関係する知識を盛り込もうとするあまり，語句説明が中心の知識羅列の答案に陥ってしまうことがある。このような答案に対しては，DP歴史では［記述的・描写的］というマイナス評価が下される。問いの文脈を読み解き的確に知識を位置づけ，さまざまな論点をバランスよく評価しながら問いに答える必要があり，評価するための根拠として知識を活用することが求められる。「思考スキル」のうち「課題を認識し評価する」というのは，具体的にはこのようなスキルを指しているのである。

ATLスキルに関する説明全体をあらためて俯瞰してほしい。すべてのスキルの鍵となるような特性がいくつか書かれていることに気づくのではないか。そのうち，筆者が最も大切だと考えている特性は，「柔軟（性）」であり，3か所に書かれている。自己管理スキルにおける「学習方法の選択と使用において柔軟性を示す」，「学習方法を選択する際に，より柔軟になるにはどうしたらよいか」，および思考スキルにおける「柔軟な思考を実践する」である。捉え方は人それぞれである。読者にとってATLスキルを身につけていくうえで最も重要な特性は何か，IBの学習者像とも関連させながら考えてほしい。　　　　［山本　勝治］

1.5 「教育的リーダーシップ」に関する特徴 ──IB教育プログラムを推進するチーム──

1.5.1 プロジェクトコーディネーター

(1) コーディネーターとは

　コーディネーターとは，IBプログラムを実践するチームのまとめ役であり，プロジェクトの質を決定づける重要な役割を担っている。IB校では，コーディネーター1名を任命することが義務づけられており（IBO 2014a：29），東京学芸大学附属国際中等教育学校（以下，本校）でも，2010年のMYP認定に先駆けて2006年にMYPコーディネーター1名が，2015年のDP認定までの準備として2012年にDPコーディネーター1名が設置された。

　一口に学校とはいっても，その規模や種類，校内の組織や文化などはそれぞれ異なり，県や市など自治体によっても性格は違う。ましてやIB校は日本に限らず世界中に数多くあり，それぞれの学校は，その国や地域の文化や歴史，人々の考え方に大きな影響を受けているため，世の中に一つとして同じ学校はない。このためIBはコーディネーターの具体的な仕事の質や量を決めていない。学校によってコーディネーターの役割や詳細な仕事内容は，その学校の規模や特色を反映したさまざまな形がありうるためである。

　コーディネーターは，校内のIB教育チームの一員となり，生徒や教師の人数，学校の種類，経営組織などを考慮しながら，具体的な職務内容を設定し，プログラム実践に向けて課題への対策，より効果的な実践方法を発展させていくという役割をもっている。

　コーディネーターには，IBと学校をつなぐ情報提供者としての働きもある。IBが行うプログラムの変更や新たな情報，世界中のコーディネーター間で交換される情報などを校内の教師と共有しなければならない。IBから供給される指導の手引き（guide）などの情報のほとんどはIBの使用言語（英語，フランス語，スペイン語）であるため，コーディネーターはそのいずれかの言語を理解し，使用する必要がある。

　学校でIBプログラムを実施するにあたって考慮し方針を決定しなければならないことは，学校組織の見直しから日々の授業内容まで多岐にわたる。しかし，そのすべてのIB関係の業務をコーディネーターが担っているわけではない。重要なのは，プログラム実施のために学校運営組織，学年，教科，分掌，各教師など，学校を形作るすべての関係者が諸問題に関して議論を重ね，必要に応じて方針を修正していくことである。さまざまな課題を常に学校全体で共有し，全員で解決していくこと自体が，プログラム実践を形骸化から守り，生きたものとして学校を発展させていくことにつながるのである。コーディネーターはそのまとめ役としての重要な役割を果たしている。

(2) コーディネーターの実際

　IB教育プログラムを効果的に実施するためには，学校組織全体が協力し，探究・行動・振り返りのシステムを形作る必要がある。そのため，校内でIB教育チームを組織するのが一般的である。チームはコーディネーターを中心に，管理職，教科主任，学年主任，ATL主任，サービス・アクション主任，プロジェクト主任などから構成され，ときに保護者や生徒が参加することもある。そのチームを実質的に統括するのがコーディネーターの役割である。本校では，IB教育の推進に携わるチーム（以下，IB教育チーム）として，運営委員会，特別研究推進委員会，IB委員会を置いている。それぞれのチームは，管理職，主幹教諭，コーディネーター，関係各部・委員会主任，各学年主任から構成されている。各チームでは，IBプログラムの実施と発展に関する，以下の①から⑦のような課題について検討している。

①アクションプランの策定と見直し

　IB教育チームはIBプログラムの実践に関するアクションプランを作成する。このアクションプランは，作成後少なくとも年に1回は内容を見直すことが義務づけられている（IBO 2015a：7）。見直しの観点は具体的に指示されている（IBO 2014b：3）。以下には，本校での実践経験から特に重要だと思われる3つの項目を示す。

【教育理念と各種方針】　学校の教育理念がIBの理念をどのように反映しているかを以下の2つの観点から点検する。①教育委員会や理事会などの学校を監督する立場の組織からのサポート，学校を取り巻くコミュニティとの相互サポートが十分にあるか。②学校はIB校として必要な，言語方針，特別支援/インクルーシブ教育方針，評価方針，学問的誠実性方針（以下各種方針）を定めているか。

【組織】　学校組織が，IBプログラムを実施するために効果的なシステムを有しているかを，以下の2つの観点から点検する。①リーダーシップと構成；IB教育チームは効果的に機能しているか。コーディネーターの職務は学校の特色を反映し必要な役割を果たしているか。学校は，プログラムの継続と発展を維持する効果的なシステムをもっているか。②リソースと支援；教師チームは，IBプログラムを実施するために適切な資格をもっているか，また教師が十分な知識と技能を獲得するためのワークショップなどへの参加する機会を提供しているか。生徒の効果的な学びを実現するために，学校は適切な施設を有しているか。

【指導計画】　指導計画が，IBプログラムを実施するために必要な次の要素を満たしているかを以下の4つの観点から点検する。①協働設計；教科内外の担当教師が協働設計をするための時間は確保されているか。②指導計画；適切なユニットプラン，重要概念・関連概念，グローバルな文脈が適切か。③指導と学び；各種方針やめざすべき学習者像など必要な条件に合致しているか。④評価：生徒への評価や生徒及び保護者への通知は適切に行われているか。

②リソースの配分と優先順位の決定

　学校は，教えと学びを充実させるために必要なリソースは十分にそろっているかを常に確認しておく必要がある。教師にとっての必要なリソースは，IBの各種ガイドや最新情報，ワークショップに関する情報，IBから学校への評価フィードバック，各種方針，各教科で作成したカリキュラムマップ，学年ごとの評価規準表，ユニットプランナー，他のIB校と共有した情報などさまざまある。生徒にとってのリソースは，校内のインターネット環境や図書室の充実，母語や学校での使用言語を維持・伸長するための言語サポートなどがある。コーディネーターは，現在学校に誰のためのどのようなリソースが十分にあり，また足りていないのか，アップデートはいつ必要になるかなどを把握し検討しなければならない。

　IB校にはこれで完成という形はない。生徒や保護者，社会からの教育に関するニーズは，環境や時代とともに変化するものである。その変化とともに学校も柔軟で持続可能性をもつ発展をし続けなければならない。そのためにコーディネーターをはじめとするIB教育チームは，学校の課題を常に整理し，どのような順番で解決していくのかを中・長期的な視野で計画しておかなければならない。

③計画，スケジュール作成のために必要な打ち合わせ時間の確保

　日々の校務をこなすためには定例の職員会議の時間も惜しく感じることもあるだろう。しかし最低限の職員会議だけでは，IB校として必要な諸課題について打ち合わせる時間としては足りない。教師チーム全員で議論する内容の他にも，学年チーム，教科チーム，学年教科担当チームなど小規模なグループで，グローバルな文脈・ATL・学際的単元・評価など，さまざまな課題について検討する必要がある。こういった課題は，IBプログラムを実施し，豊かな学びを促すために必要な検討事項ではあるが，十分な情報交換の時間が確保できないことが予想される。したがって日々の授業をより効果的にするためにIBプログラム実践における課題を教師それぞれが感じていても，打ち合わせをせず教育活動が成立しかねない。しかしこれでは学校生活は進んでも，豊かな指導と学びの機会は確保できない。そのためコーディネーターが中心となり，IBプログラム実施において現在学校が抱える課題を整理し，重要なものから優先的に解決するため，必要な打ち合わせ時間確保を計画実施する必要がある。本校でも，月例の職員会議や校内研究会の他に，学年会議や教科会議，学年教科担当会議を定期的に実施し，必要に応じて全体で課題を共有している。

④教員研修のニーズと評価

　IB校においてプログラムの実践と発展を保証するためには，各教科が以下の4つのポイントを実施する必要がある。①教科内の教師がチームとなり協働で授業を計画し，評価する。②IBおよび学校の理念に沿った生徒を育成するために，効果的なカリキュラムを作成し，生徒や保護者，他教科の教師と共有する。③カリキュラムに沿ったユニットプランを作成し，実施する。④指導と学びは，プログラム実践のために必要な条件を満たしているか確認をする。

これらの実施にはIBや学校が教師を適切に支援する必要がある。IBは，各校から各教科担当教師を少なくとも1名，最新のIBワークショップで研修することで，研修内容を校内で共有できるように支援している（IBO 2015b：21）。学校は，校内研修会や教科会，新任の教師に対してはオリエンテーションやメンター制度を設けるなど，すべての教師がIBプログラムの実践を効果的に行えるような支援体制を学校の実情に合わせて構築する必要がある。コーディネーターは，このような取り組みが効果的に実施されているかを評価し，必要に応じて改善を提案する必要がある。

⑤学校におけるカリキュラムとその関連文書の見直し・作成

　IBプログラムが効果的に実践されている証拠は，学校中のさまざまな場面で確認できる。例えば，施設各所や教室で行われる授業そのものや掲示物，授業のワークシートから通信標まですべての配付物は，その代表的なものである。また学校組織図やカリキュラム，各種方針，時間割，ATLチャート，各教科のユニットプランナーなど校内の各種文書は，最低でも1年に一度は見直しされ，状況の変化に応じて修正されるもので，IBプログラムの実践を自己評価する資料となる。一つひとつの文書の見直しや作成は，校内の分掌担当があたるが，コーディネーターはこれらの作業全体を統括する役割を担う。

⑥コアカリキュラムおよびプロジェクトの設計

　DP校ではコアカリキュラムを，MYP校ではパーソナルプロジェクトやコミュニティープロジェクトを設計し実施しなければならない。そのため本校では，DPではCASコーディネーターとEEコーディネーターを，MYPではパーソナルプロジェクトコーディネーターをそれぞれ設置し，指導教員の割り当てや年間指導計画をIBコーディネーターとともに作成し実施している。

⑦定期的に実施されるプログラム評価に向けた準備

　IB校は，プログラム実践の効果を振り返るため，認定を受けた後，5年に一度ずつ国際バカロレア機構より評価を受けることが義務づけられている（IBO 2015a：5）。評価のための資料として，50ページを超える自己評価アンケートやプログラム実践の根拠となる学校の諸文書を事前にオンラインで提出しなければならない。国際バカロレア機構による評価訪問では，3日間にわたる施設や授業の見学，教育委員会など監督的立場の組織職員，生徒，保護者，教師を含む学校関係者とのインタビューなどが実施される。評価結果は，後日国際バカロレア機構から送られてくる。満足のいく実践がなされている事柄や，プログラムをより効果的に実践するために必要な助言，改善すべきポイントなどが指摘される。改善すべきポイントが挙げられた場合，学校は速やかに改善計画を作成し，国際バカロレア機構に報告しなければならない。改善がなされない場合，IB校の認定を取り消されることもある。

　評価のための準備はコーディネーターが主導する。本校の場合，準備作業は1年前から開始される。この期間は，過去5年間のプログラム実践がどの程度学校コミュニティ全体

に浸透し，発展してきているかを振り返り，報告する準備を行う。この作業は次の5年間でどのようなことに取り組んでいく必要があるか，学校として省察することで，今後への課題を確認することができる。　　　　　　　　　　　　　　　　　　　　　　　［雨宮 真一］

1.5.2　管理職──IB校で求められる管理職のリーダーシップとは──

　学校管理職には，教育者としての高い見識とともに，学校経営力，外部折衝力，人材育成力が強く求められている（東京都教育委員会 2013）。学校経営においては，学校経営目標を掲げて組織的に達成できるような環境を設定し，学校の責任者として所属職員の管理に留意し，安心安全の学校であるべく危機管理，情報管理，学校事務管理を徹底する必要がある。外部折衝に関しては，保護者および地域への対応，学校広報，外部人材活用連携，関係諸機関との連携をすすめる役目を担う。人材育成については，人材発掘，人材育成指導にリーダーシップを発揮して計画的に推進する責任を負っており，学校経営を行ううえで人事考課を効果的に活用し，研修等を通して教員を育てるという役割を果たさなくてはならない。

　では，「IB校」という条件を加えた場合，期待される役割は何か。

　①IB教育理解の環境づくり，②IB校存続発展のためのリソースと支援の活用，③IB特有の効果的組織運営，④IBコミュニティへの積極的参加の奨励である。

　『プログラムの基準と実践要綱』では，学校とIBがプログラムを実施するにあたり，その品質と忠実性を保証するための基礎となる一連の原則が示されている（国際バカロレア機構 2019：1）。2014年1月発行版では，「理念」「組織」「カリキュラム」の3つのセクション，2019年3月改定案では「目的」「文化」「環境」「学習」の4つの主要カテゴリーに分類された枠組みが示された。ここでは，東京学芸大学附属国際中等教育学校（MYP・DP認定校）の例をあげて2014年版をもとに管理職の役割を確認する。

（1）「IB教育を全教職員が十分に理解できる環境をつくる」への管理職の役割

　『プログラムの基準と実践要綱』（国際バカロレア機構 2014c）【A-1】では，学校の掲げる使命と理念がIBの使命と理念に一致するよう求めている。日本の学校にはめざす学校教育目標がある。教育基本法を基盤に設定されるそれら目標は，IBの理念（IB Mission Statement）やIBの学習者像（IB Learner Profile）と共鳴する部分が多い。本校では，以下の教育理念と教育目標に即した4つの育てたい生徒像を掲げている。教育理念には，「グローバルな視野の育成」「多文化共生の教育」「多様性と共通の価値・ルールの確立」「社会参加を通した市民性の育成」「基本的な知識・技能の習得と特色ある中等教育カリキュラムの開発」が掲げられる。育てたい生徒像は「現代的な課題を読み解く力を持った生徒」「知識とイメージを自分で再構築する力を持った生徒」「対話を通じて人との関係を作り出す力を持

った生徒」「異文化への寛容性・耐性を持った生徒」である。IBのねらい「国際的な視野の育成」や使命にみられる「より良い，より平和な世界を築くことに貢献する，探究心，知識，思いやりに富んだ若者の育成」「人がもつ違いを違いとして理解し，自分と異なる考えの人々にもそれぞれの正しさがあり得ると認めることのできる人」「積極的に，そして共感する心をもって生涯にわたって学び続ける」と同じベクトルをもつものである。学校全体としてすべての学校教育活動を通して達成したいビジョンである。

『プログラムの基準と実践要綱』【A-3】では，学校コミュニティー全体がプログラムを理解し，責任をもって取り組むことを求めている。すべての教職員が，IBの使命と理念に込められた意味を十分に解釈し理解することが大切である。そのため管理職は，IBのフレームワークを活用し，どのような子どもたちを育てることを目標にするのか，目標を達成するためにどのように実践すべきなのかについて，多角的な視点と深い洞察をもって計画し，IBの使命と理念を具現化する必要がある。そこで本校は，IB校として必要な，言語方針，特別支援/インクルーシブ教育方針，評価方針，学問的誠実性方針についての規定を制定し，実現化していけるように心掛けている。また，IB教育プログラムの改訂に伴ってあらたな理解と実践も必要である。国の学習指導要領改訂がほぼ10年周期なのに対して，IB教育はおおむね7年周期で改訂が行われている。IB校として認定された時期によっては，さらに短いスパンで検討しなくてはならない場合もある。したがって管理職は，激変するグローバル社会に呼応しながら変化していくIB教育プログラムの特徴と内容を，学校コミュニティに関わるすべての人々が理解し，学校教育にどのように取り込むのかを考え，協働的に取り組めるような仕組みを構築することが必要である。学校スタッフが入れ替わる状況にも配慮しつつ，高度な教育プログラムを持続させ，さらに発展させられるように，活発な組織運営，人材発掘・育成，予算運用をマネジメントしなければならない。

例えば本校のMYPでは，2014年からプログラム改訂の準備を開始し，2015年度から運用した。2010年にMYP校として認定された後，2014年，2019年には国際バカロレア機構による評価訪問が実施された。ここでは，IB教育を本校で実施することによって生じたさまざまな課題への対応が，『プログラムの基準と実践要綱』『原則から実践へ』『プログラム評価ガイド』『Self-study questionnaire』に基づき評価された。学校は評価での指摘事項を受けて，学校経営計画を作成し，さらなる改善にむけた努力を継続している。教職員たちがともに学び合いながら先駆的な教育のあり方を探究し続ける環境作りは，管理職の大きな責務である。

(2)「IB校の存続発展のために中長期的な見通しをたて支援とリソースを活用する」への管理職の役割

本校では，中期的な学校経営目標を「国際バカロレアワールドスクール，スーパーサイエンスハイスクール (SSH)，スーパーグローバルハイスクール (SGH)，ユネスコスクール

として，より良いより平和な世界構築に貢献する若者の育成を目指すために，教職員の資質・能力向上を実現し，教育課程の改善と教育活動のより一層の充実を図る。国立教員養成大学附属学校の意義・役割である現職教員の研修の場として，先進的な教育及び研究を推進しつつ，その成果を地域の学校や教育機関等に貢献する学校へと機能強化する。」としている。職員会議，分掌会議，運営委員会，特別研究推進委員会（後述），学年会，教科会等では，この中期経営目標に照らした校内の課題を明らかにする。これらの諸課題の優先順位を判断することは，管理職の手腕が問われる場面である。年度末に行われる点検評価，自己評価，生徒保護者による学校評価，学校関係者評価委員会による学校評価等は，IBプログラムをより良い方向へと導くための重要な根拠となる。学校管理職は，適正な判断に基づき諸課題をPDCAサイクルに組み込むことで改善を図る道筋をつけるとともに，実行のための支援とリソースを確保して堅実な計画に最大限の努力を払わなくてはならない。

『プログラムの基準と実践要綱』【B2-2】では，学校に，プログラムの実施のために適格なスタッフを配置することを求めている。管理職は，「国際バカロレア教育についての理解と関心があり，教育実践に意欲があること」を明記し多くの優秀な教員を，広く募集できるような環境を整える。

『プログラムの基準と実践要綱』【B2-4】では，学校に，教師が協力して授業計画などを策定する「協働設計」(collaborative planning) や「振り返り」(reflection) に専念できる時間を確保することを求めている。本校では，毎月1回開催される校内研修会において，教科間，学年間，多様な教員でチームを構成し定期的に教員同士で学びあうための時間を確保している。また，「ATLの実践的理解」「ATLを軸にした『学びの地図』作成」「概念学習・グローバルな文脈からのカリキュラムマップ改善」「パーソナルプロジェクトの評価方法」「評価の標準化」「単元設計方法」「DP授業概要と進路」「学際的単元の模索」「国際的な視野の育成」「生徒へ提示する課題のあり方」「人権教育」「合理的配慮」など，さまざまなアプローチからIB教育についての教員研修も実施している。毎週1回程度開催する教科会も共同設計や振り返りの機会として利用している。

教員研修を推奨し教育活動を活性化，発展させることは大変意義深い。人材育成にあたっては，学校内でのOJT (On-the-Job Trainning：職場内研修) において学ぶことも多々あるが，本校では，国際的視野を広げる研修や人権教育に関する研修等にも積極的な参加を促し，校内研修等において研修成果を他の教職員と共有する機会を設けるようにしている。管理職は，個々の教員が社会や子どもの変化に柔軟に対応でき，豊かなコミュニケーション能力を有し，確かな授業力とともに新たなものに積極的に挑戦する意欲をもつことができるように，支援および指導助言を行っている。

『プログラムの基準と実践要綱』【B2-11】では，学校に，プログラムの一環として行われる学習活動を充実させるため，地域社会のもつリソースや専門性などを活用することを求めている。学校が社会や世界と接点をもち，多様な人々とつながりを保ちながら学ぶこ

とのできる開かれた学習環境となるために，学校外部のリソースを有効的に活用するためのシステムを構築するのも管理職の役目であろう。Service as Action や CAS，普段の授業や学校行事等において，地域社会と適切な連携・協力が受けられるよう，外部とのネットワーク構築や危機管理対策について担当部署に検討を依頼することは有効である。例えば課題研究支援のために，国際教養委員会，文部科学省指定事業委員会，学年が中心となり，東京学芸大学をはじめ教育機関，NPO法人，団体企業，同窓会などの専門家に依頼して講演会や助言をもらっている。社会貢献活動については，ボランティア部顧問が中心となって東京学芸大学，保護者関係，社会福祉協議会，NPO法人などと連携し，多様な文化や世代背景をもった人々と交流できる環境を整えることで，教育活動のリソースを構築している。

『プログラムの基準と実践要綱』【B2-8】では，学校に，学習活動に関するニーズや「特別な教育的ニーズ」のある児童生徒およびその担当教師に支援を提供することを求めている。IB教育では言語支援，特別支援に重点が置かれている。生徒の言語補習制度やさまざまな特別支援に対応した教員研修などにも力を注ぐ体制を整える必要がある。本校では，英語は習熟度別クラスを開講し8名のネイティブ非常勤講師を採用している（2018年度）。日本語が不得意な生徒を対象にJSL（Japanese as a second language）委員会が中心となって卒業生3名に依頼し教科としての日本語支援を毎日放課後実施している。生活指導部生活環境部会においては，スクールカウンセラーを中心に週1回の情報共有を行い，医療機関などと連携して特別支援への対応をすすめている。教務部関連では，定期考査，板書記録，課題提出などにおいて，情報機器を活用するなど合理的な配慮に努めている。

『プログラムの基準と実践要綱』【B2-1】では，学校運営組織に，プログラムの実施と継続的発展のための予算を割りあてることを求めている。教育プログラムを実践するうえで年間プログラム経費や人件費の確保は必要である。管理職は，受益者負担の観点から財政基盤をつくる必要があり，保護者に教育効果を十分に説明し理解を求める責務が生じる。教育の機会均等の視点から学校は財政的支援制度を設けることも必要である。そして，IBプログラムを受講したいと希望する多くの生徒にチャンスがあることが重要と考えている。大学プロジェクト参加による予算獲得も資金獲得のための一つの方法である。

『プログラムの基準と実践要綱』【B2-3】では，学校に，教師や管理職が必ずIB認定の教員研修を受けるようにすることを求めている。国際バカロレア機構認定のワークショップの参加は，IB校としての認定と継続のためには必須である。本校では，IBワークショップに2006年3月から2019年3月までで延べ175名（自主研修を含む）が参加した。管理職は，教員が継続的に研修経験を積む仕組みを整える必要がある。国内外への交通費や宿泊費を伴うワークショップへの参加計画は，プログラムの改訂時期にあわせた各教科等優先順位を勘案する必要があるが，基本方針の策定は管理職の役割である。

（3）「IB特有の組織を効果的に運営すること」に対する管理職の役割

　『プログラムの基準と実践要綱』【B1-1】では学校に，実施中のプログラムとその発展について常に学校運営組織に伝える仕組みを構築することを求めている。バーナード（C. I. Barnard）のマネジメント理論（『経営者の役割』1938年）によれば，組織とは「一定の共通目標を達成するために，成員間の役割や機能が分化・統合されている」と定義されている。これを学校管理職に当てはめると，管理職は教職員に対して指導力，統率力を発揮して，チーム学校として組織的な取り組みができるように，その職責を果たさなくてはならない。IB校では，各分掌，教科，学年，個々の教員がそれぞれの役割分担においてIBの理念と学校教育目標をめざし，充実した施策を考案し，実行し，振り返り改善する。管理職は，個々の教員の総合的業績評価や分掌の計画案をもとに，定期的な面談や各チームの会議において目標や実践を共有できるようにリーダーシップを発揮する必要がある。

　『プログラムの基準と実践要綱』【B1-2】では，学校に，プログラムの実施を支援する運営・指導体制を構築することを求めている。本校では，学校管理職，各分掌主任，各学年主任（プログラムコーディネーターを含む）で構成された主に学校運営に関わる運営委員会と，学校管理職，主幹教諭，研究部主任，プログラムコーディネーター，IB委員会委員長，文部科学省指定事業委員会の委員長で構成され，学校教育活動および教員研究研修に特化して検討する特別研究推進委員会を設置して対応している。

　『プログラムの基準と実践要綱』【B1-4】では，学校に，プログラムコーディネーターを任命し，業務内容，担当授業時間数軽減措置を定め，職責を全うするための支援とリソースを提供することを求めている。本校では，学校の教育活動全般に関して責任をもつMYPとDPのコーディネーターを校務分掌の組織図の中に位置づけ，校長・副校長が統括している。すべての教職員がより質の高い教育活動を実施するための重要なまとめ役として，リーダーシップを発揮しやすい立場を保証することが不可欠である。IB校では，プログラムを円滑に実践するためにプログラムコーディネーターの権限は広く設定されており，それらのいくつかは日本の学校管理職の職権に重複する。一方，日本の学校システムでは管理職のみに与えられた職権があるため，プログラムコーディネーターが管理職の立場にない場合には，人事や服務，予算執行等の権限が行使できない。日本では，管理職とコーディネーターの意思疎通とスムーズな連携が，円滑なIB教育の実践には不可欠である。

　『プログラムの基準と実践要綱』【B1-6】では，学校に，プログラムの継続的な実施と発展が可能な仕組みを整えることを求めている。本校のプログラムコーディネーターは，IB委員会（6～8名）を統括している。この委員会には，プログラムコーディネーター，CASコーディネーター，EEコーディネーター等も参加しており，MYP-DPで継続的に実施される事柄の全般，国際バカロレア機構との連絡調整，IB関係来校者対応，IBグループ（IB委員会から委託された事務業務，IBワークショップ会場準備運営，DP入試面談等を補佐）のとりまとめ，管理機関大学との連携，教職員のワークショップ派遣計画，学校関係者への諸研修

等を行うことで，プログラムの継続的な実施と発展に係る多様で複雑な課題解決に取り組んでいる。例えば生徒のMYPからDPへのスムーズな接続を支援するために，カリキュラム編成の原案作成，シラバス冊子・リーフレット作成，教育課程における教科科目の読み替え・学習指導要領との整合性などについての説明資料作成，特例校申請文書・報告書作成，DP選択者対象の選抜方式検討と実施，DP経費納入書類作成など，多くの時間と労力を費やして対応している。学校は，教員が自主的にかつ余裕をもって企画運営するための効果的な支援を行わなければならない。学校設置者も然りである。

(4) 「IBワールドスクールの一員として世界に広がるIBコミュニティに積極的に参加することを奨励すること」に対する管理職の役割

管理職は，教職員が世界に広がるIBワールドスクールとかかわりをもつことを奨励する必要がある。本校では，学校管理職が日本のIB校の校長会（IBAJ：International Baccalaureatea Association of Japan）に所属し，さまざまな学校の教育活動や課題について情報交換を行っている。IB教員のための研修会（IBワークショップ，Job Alike等）に参加したい教員へのサポートも必要である。IB認定校・候補校・関心校の教員との情報交換や最新の教育情報の収集や資質・能力の向上が期待される。また，個々の教員が取り組んできたIB教育実践を，研究会，フォーラム，シンポジウムで発表したり，現職教員研修の講師やIBワークショップのリーダーとして公表する機会を，積極的に支援することも管理職の大切な役割であろう。文部科学省やIBO等との連絡調整，各都道府県教育委員会や学校関係者によるIB教育の視察や授業見学，教育委員会と連携したIB研修派遣教員制度，IB教員養成にかかわる東京学芸大学教職大学院との連携，公開研究会・授業研究会の開催なども，本校で取り組んだIBコミュニティ形成への寄与の例として挙げられる。

海外IB校との姉妹校提携や学校訪問等を実施している国内外のIB校との交流の推進も管理職の重要な職務である。

(5) IBの学習者像にみる管理職の役割

「IBの学習者像」には，教育プログラムを通じて育成をめざす児童生徒の人物像が描かれている。『プログラムの基準と実践要綱』で示されるように，学校は「IBの学習者像」に合致した学校コミュニティーづくりが大切である。そのため，児童生徒だけでなく，「学校管理職，教職員，そして保護者をも含む学校に関わる大人すべてが，「IBの学習者像」で示された信念，価値観，行動を模範として示す必要」（国際バカロレア機構 2014b：37）があり，その具体的な内容については，各学校の目的，文化，環境，学習に基づき，独自に開発する必要がある。国際バカロレア機構『DP：原則から実践へ』（2009年4月に発行の英文原本The Diploma Programme: From Principles into practiceの日本語版2014年）の「「IBの学習者像」の開発」の中で，国際バカロレア機構は，学校管理職および教師に向けられた「IBの学習者像」

探究する人

私たちは，好奇心を育み，し研究するスキル身につけます。ひとりで学んだり，他の人々と共に学んだりします。熱意をもって学び，学ぶ喜びを生涯を通じて持ち続けます。

〔管理職として果たされるべき責任〕
・教育的リーダーシップ
・生涯学習の体現

〔教師として果たされるべき責任〕
・生涯学習を体現する
・生徒主導型の探究を奨励している。
・専門性の向上の機会を模索。

〔管理職として指標となる事柄〕
・効果的な学校教育，指導と学習，変化のマネジメントに関する調査研究に情熱的である。
・常に改善に向けた視点で物事を評価している。

〔教師として指標となる事柄〕
・指導と学習や教科指導の開発の研究に情熱的である。
・教室での指導以外の機会（例：試験の実施）を進んで求める。

振り返りができる人

私たちは，世界について，そして自分の考えや経験について，深く考察します。自分自身の学びと成長を促すため，自分の長所と短所を理解するよう努めます。

〔管理職として果たされるべき責任〕
・建設的に自己批判的である。
・改善に努力する。

〔教師として果たされるべき責任〕
・建設的に自己批判的である。
・常に改善の努力をしている。

〔管理職として指標となる事柄〕
・学校コミュニティ全体（生徒，教師，理事会）からの自分に対する評価フィードバックを奨励，促進する。

〔教師として指標となる事柄〕
・生徒，教師，学校管理職からの自分に対する評価フィードバックを奨励，促進する。

図1-1　探究する人，振り返りができる人

出所）国際バカロレア機構（2014b: 39-41）「学校管理職向け学習者像の例」および「教師向け学習者像の例」より引用筆者作成

の参考例（pp.39-41）を示している。以下，その例の一つを引用し筆者が作成したものだが，他の学習者像についても参照されたい。

　学校管理職は，「信念をもつ人」「バランスのとれた人」として，学校の理念およびIBの理念に沿って学校教育目標を明確にする。心身ともに健全な環境を追求し，全人教育に献身的に取り組むことが肝要である。「探究する人」「知識のある人」「挑戦する人」として，長期的視野をもってIBワールドスクールを包括的にデザインし，IBとともにより良い世界を創る質の高い教育を開発，創造し続ける。「振り返りができる人」「心を開く人」として，省察，評価，改善に努力し，学校経営を柔軟に工夫，促進する。「コミュニケーションができる人」として，子ども，保護者，地域等の関係者との積極的対話や責任ある説明により，より良い学校コミュニティを維持する。子どもたちの未来を支え主体的協働的に取り組む教職員を，「考える人」「思いやりのある人」として支援，奨励し，生涯学習者として学び続ける教職員のための永続的で前向きにやりがいのある教育現場を創造する。これら重要な責務を果たす管理職もまた，IBの学習者像を探究することを忘れてはならないと考える。

［藤野　智子］

東京学芸大学附属国際中等教育学校

令和元 (2019) 年度　学校経営計画

附属学校の役割	東京学芸大学附属国際中等教育学校教育目標	国際バカロレアの理念　IB Mission Statement	ユネスコスクール
○ 学部・大学院における附属学校で実践の指導に取り入れ、その成果を学部・大学院の教育研究に反映していく実験・実証校としての役割 ○ 学部・大学院の教育研究に基づいて、教育実習生を指導する教育実習校としての役割 ○ 公立学校と同様に普通教育をおこなう公教育の役割 ○ 地域の学校と連携し、教育・研究を推し進める役割	○ 協働して課題を解決する力 ○ 多様性を尊重する力 ○ 自己を振り返り、自己を表現する力 ○ 新しい社会を創造する力	国際バカロレア (IB) は、多様な文化の理解と尊重の精神を通じて、より良い、より平和な世界を築くことに貢献する、探究心、知識、思いやりに富んだ若者の育成を目的としています。	ユネスコスクールは、そのグローバルなネットワークを用いて、世界中の学校と交流し、生徒間・教員間で情報や体験を分かち合い、地球規模の諸問題に若者が対処できるような新しい教育内容や手法の開発・発展を目指しています。

学校像	教育理念	教育目標	SGH 育成したい資質能力	国際バカロレア　学習者像　IB Learner Profile
多様で異なる人々と、共生・共存できる学校 進展する国内外の国際化の中で、活躍する力を持った生徒を育てる学校	○ グローバルな視野の育成 ○ 多文化共生の教育 ○ 多様性と共通の価値・ルールの確立 ○ 社会参加を通した市民性の育成 ○ 基本的な知識・技能の習得と特色ある中等教育カリキュラムの開発	○ 世界に生きる学ぶ力と教養を身につける。 ○ 多様な表現力やコミュニケーション能力を育む。 ○ 知・心・身体のバランスを大切にして成長し続ける。 ○ 多様性の意義を認識するとともに、寛容性・耐性 (トレランス) を育む。	スーパーグローバルハイスクール (SGH)：多文化共生社会を支える人材に求められる「課題発見力」「分析力」「コミュニケーション力」「対話力」「組織力」「実行力」	探究する人／知識のある人／考える人／コミュニケーションができる人／信念をもつ人／心を開く人／思いやりのある人／挑戦する人／バランスのとれた人／振り返りができる人

本校にふさわしい生徒像の連携	SSH 育成したい資質能力	育てたい生徒像	IB 学習の方法 Approaches to Learning 「MYP：原則から実践へ」より
○ 国際化する社会に問題意識・関心を持ち習得しようとする ○ 物事にねばり強く取り組み、豊かな思考や表現ができる ○ 思いやりと協調性をもち、さまざまな人と積極的に交流できる	スーパーサイエンスハイスクール (SSH)：国際社会で活躍する科学技術人材に求められる「課題発見見力」「分析力」「評価」「コミュニケーション力」「自律的活動力」	○ 現代的な課題を読み解く力を持った生徒 ○ 知識とイメージを自分で再構築する力を持った生徒 ○ 話を通してひとの関係を大切にして成長し続ける生徒 ○ 異文化への寛容と耐性を持った生徒	生徒が生涯にわたって学習するために必要な自己認識やスキル コミュニケーション (コミュニケーションスキル) 社会性 (協働スキル) 自己管理 (整理する力・情意スキル・振り返りのスキル) リサーチ (情報リテラシースキル・メディアリテラシースキル) 思考 (批判的思考スキル・創造的思考スキル・転移スキル)

中期的な学校経営目標

◎ 国際バカロレア (IB)、ワールドスクール、スーパーサイエンスハイスクール、スーパーグローバルハイスクール、ユネスコスクールとして、より良い世界構築と平和の創造を目指すために、教職員の資質能力の向上を実現し、教育課程の改善と教育活動のより一層の充実を図る。

◎ 国立教育系大学附属学校の意義・役割にある現職教員の研修の場として、学校ネジメントを充実させ先進的な教育活動を推進しつつ、その成果を地域の学校や教育機関等に貢献する学校を目指す。

本年度の重点目標

◎ 求められる資質・能力を伸ばす授業の開発・改善　①②③⑦⑧⑨⑳㉒㉓
「育てたい生徒」に求められる資質・能力を明確にし、教科学習、特別活動、課題研究、社会貢献活動等のすべての教育活動を通して育む。それを可能にする研究研修体制を整備する。
MYP プログラム及び評価、SSH12 明日のマスター、SGH の最終年度にあたる各年度を授業開発・改善の貴重な機会ととらえ、組織的な授業研究の環境整備を進め、大学、研究機関等の外部組織と連携し、企画立案・実施・評価・改善の力リキュラムマネジメントを進める。学校授業、日常的な教員研修の場をどこにおいても校外部に発信し、地域の学校や教育機関等に貢献する学校を目指す。

◎ 内外に開かれた学校経営の実現　①②③⑦⑧⑨⑫㉒㉓
諸装置込みの「見える化」を進め、学校内外に発信することにより、説明責任の尽くせる学校づくりを進める。生徒・保護者や教職員、地域の方々と本校にかかわるすべての子を持てる学校となるよう諸改革を意欲的に進め、学校教育の質の維持向上に図る。

【引用・参考文献】

経済産業省「人生100年時代の社会人基礎力」（説明資料 PPT 形式）http://www.meti.go.jp/policy/kisoryoku/（2018年12月30日閲覧）.

国際バカロレア機構（2014a）『一貫した国際教育に向けて』〔2008年9月に発行の英文原本 *Towards a continuum of international education* の日本語版〕（2014年6月発行）

国際バカロレア機構（2014b）『DP：原則から実践へ』〔2009年4月に発行の英文原本 *The Diploma Programme: From principles into practice* の日本語版〕（2014年6月発行）

国際バカロレア機構（2014c）『プログラムの基準と実践要項』〔2014年1月に発行の英文原本 *Programme standards and practices* の日本語版〕（2014年6月発行）

国際バカロレア機構（2017）『国際バカロレア（IB）の教育とは？』〔2013年8月に発行，2015年6月および2017年4月改訂の英文原本 *What is an IB education?* の日本語版〕（2017年4月発行）

国際バカロレア機構（2018）『MYP：原則から実践へ』〔2014年5月発行，2017年9月改訂の英文原本 *MYP: From principles into practice* の日本語版〕（2016年1月発行，2018年4月改定）

国際バカロレア機構（2019）『プログラムの基準と実践要綱』〔2018年10月発行，2019年3月改定の英語原本 *Programme standards and practices* の日本語版〕

デューイ，J.著，宮原誠一訳（2017）『学校と社会』岩波文庫（原著，1899年）

東京都教育委員会（2013）「学校管理職育成指針」 https://www.kyoiku-kensyu.metro.tokyo.jp/02syokuso/hikkei/files/kanrisyoku_ikusei_sisin.pdf

西村俊一（1989）『国際的学力の探究―国際バカロレアの理念と課題』創友社

文部科学省IB教育推進コンソーシアム「IBとは」 https://ibconsortium.mext.go.jp/about-ib/（2020.5.20最終閲覧）

Barnard, C. I. (1938) *The Functions of the executive,* Harvard University Press.

Erickson L. (2002) *Concept-based Curriculum and Instruction Teaching Beyond Facts Expanded, 2nd Edition.* Corwin press.

International Baccalaureate Organization (2010) Learning diversity in the International Baccalaureate programmes: Special educational needs within the International Baccalaureate programmes.

International Baccalaureate Organization (2014a) *MYP: From principles into practice For use from September 2014 / January 2015.*

International Baccalaureate Organization (2014b) *Programme standards and practices For use from 1 January 2014.*

International Baccalaureate Organization (2015a) *Guide to programme evaluation For use from January 2016.*

International Baccalaureate Organization (2015b) *Self-study questionnaire: Middle Years Programme For use from January 2016.*

Jensen, E. (1998) *Teaching with the Brain in Mind, Alexandria.* VA: Association for Supervision and Curriculum Development.

Johnson, E. (2002) *Contextual Teaching and Learning.* Corwin press.

Parnell D. (2001) *Contextual Teaching Works!* CCI Publishing.

Peterson, A.D.C. (1987) *Schools Across Frontier: The Story of the International Baccalaureate and the United World Colleges.* Open Court.

Vygotsky (1980) *Mind in Society: Development of Higher Psychological Processes.* Harvard University Press.

Wagner, T. (2010) *The Global Achievement Gap.* Basic Books.

Wiggins, G. and McTighe, J. (2005) *Understanding by Design* (Expanded 2nd edition). ASCD Publishing, p.13-21, p.128-129.

第2章 東京学芸大学附属国際中等教育学校におけるIB教育の実践

2.1 実践に見る「指導のアプローチ」

2.1.1 カリキュラム・マネジメントの実践

(1) カリキュラム・マネジメントとはなにか

「カリキュラム・マネジメント」とはなにか。めざす教育理念の実現に向けて，教育課程全体を通した取り組みを通じて，教科等横断的な視点から教育活動の改善を図り，学校全体としての取り組みを通じて，教科や学年を超えた組織運営の改善を行っていくことを，学習指導要領によって規定している。この規定に基づき各学校では，学校教育目標を実現するために，生徒の姿や地域の実情等を踏まえて，教育課程を編成し，それを実施・評価し改善していく。この一連の行為が「カリキュラム・マネジメント」である。

日本では，カリキュラム・マネジメントは学習指導要領（平成29年告示）総則において以下のように定義される。

> 各学校においては，生徒や学校，地域の実態を適切に把握し，教育の目的や目標の実現に必要な教育の内容等を教科等横断的な視点で組み立てていくこと，教育課程の実施状況を評価してその改善を図っていくこと，教育課程の実施に必要な人的又は物的な体制を確保するとともにその改善を図っていくことなどを通して，教育課程に基づき組織的かつ計画的に各学校の教育活動の質の向上を図っていくこと（以下「カリキュラム・マネジメント」という。）に努めるものとする。
>
> （総則第1の4）

この背景には，「社会に開かれた教育課程」の実現を通じて子どもたちに必要な資質・能力を育成するという教育理念を踏まえた「カリキュラム・マネジメント」の3つの考え方が存在する（中央教育審議会 2016）。

> ① 各教科等の教育内容を相互の関係で捉え，学校の教育目標を踏まえた教科横断的な視点で，その目標の達成に必要な教育の内容を組織的に配列していくこと。

② 教育内容の質の向上に向けて，子供たちの姿や地域の現状等に関する調査や各種デー
   タ等に基づき，教育課程を編成し，実施し，評価して改善を図る一連のPDCAサイクル
   を確立すること。
③ 教育内容と，教育活動に必要な人的・物的資源等を，地域等の外部の資源も含めて活
   用しながら効果的に組み合わせること。　　　　　　　　　　（中央教育審議会 2016：23-24）

　一方IB教育では，日本の学習指導要領と比較して，めざす方向性は同じであるといえる
が，実現のためのアプローチは大きく異なる（図2-1）。

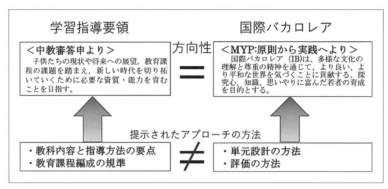

図2-1　IB教育と日本型教育の比較

　そこで本項では，IB教育における「カリキュラム・マネジメント」の特徴を，実践に基
づいた視点から具体的に解説する。

(2) MYPにおけるカリキュラム・マネジメント

　MYPでは，カリキュラムの策定が学年縦断的・教科横断的授業計画を裏づける。各教科
の単元設計は，単元タイトル，「重要概念」「関連概念」「グローバルな文脈」「探究テーマ」
目標，「学習の方法（ATL）」に教科内容を組み合わせて行う。これらのうち，「重要概念」「グ
ローバルな文脈」「学習の方法」はすべての教科に共通した内容が設定されており，学年
間および教科間の一貫性を担保する。日本の一条校でMYPカリキュラムを実施する場合，
学習指導要領に準拠しながら，MYPの単元設計の枠組みを使用することになる。学習指導
要領で示される学習内容から探究のテーマや問いを立て，そこに導けるような，MYPの重
要概念とグローバルな文脈から適切な要素を組み合わせることで，具体的な学習活動を設
計する（図2-2）。学習活動の実践によって，ATLスキルや評価規準が焦点化され，総括的
評価課題における観点別評価へとつながる。その一連のサイクルを常に見直すことで，よ
り良い単元設計へと改善されていく。
　このような一連の単元設計を繰り返すことで，教員は指導計画の学年縦断的な結びつき
を振り返ることができるようになる。学校は「協働設計」を企画することで，この個々の
教員に蓄積された経験を，学校全体で共有することができるようにする。その結果，すべ

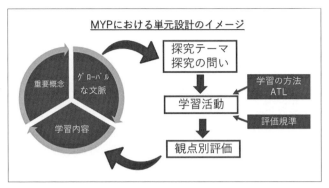

図2-2　MYPにおける単元設計のイメージ

ての学年において以下のような要素がカリキュラムに反映されるようになる。

・必要なすべての「重要概念」を含んでいる
・すべての「関連概念」を取り扱っている
・MYPのグローバルな文脈のすべての範囲に取り組んでいる
・ATLスキルのカテゴリーを適切に発達させている
・すべての教科の目標をバランスよく満たす機会を生徒に提供している

　このようなMYP型カリキュラム・マネジメントは，個々の教員に以下のような振り返りを促す。

・学際的な学習の基礎となる，特定の学年の教科間に共通する概念や文脈
・特定の学年における「重要概念」やグローバルな文脈，ATLスキルの範囲や種類

　全学年・全教科の「教科の概要」が一覧できるようにまとめたものを「カリキュラム・マップ」という。「カリキュラム・マップ」の作成は，「重要概念」「グローバルな文脈」「ATLスキル」等の学年縦断的かつ教科横断的な系統性やつながりを見出すことにつながることから，MYP型カリキュラム・マネジメントを特徴づける。

（3）DPにおけるカリキュラム・マネジメント

　DPのカリキュラムでは，生徒は，各科目をそれぞれ独立して学習するのではなく，学習する学問領域を相互に結びつけることが期待されている。同時並行的な学習（concurrency of learning）は，そのような学際的な学習の一つの重要な手段として実践されている。生徒が2年間のDPプログラムの全期間を通じて，6つの教科と，「コア」の必修3要件を並行して履修するようなカリキュラムを計画する。そうすることで，生徒だけでなく教師も「コア」と科目での学習経験を相互に結びつけることができるのである。特に，DPコアの一つ

「知の理論」(TOK) で取り扱う内容は，各教科の生徒の学習経験と直接に関係することを重要視している。また，各教科でも，適宜「知の理論」で扱われる内容との対応関係を明示的に学習する。このことによって，生徒が日常生活において自分の学習者としての体験を振り返り，教科学習と思考，感情，行動との関連づけを促すことになる。これを促進するため，各科目の「指導の手引き (guide)」には，「知の理論」(TOK) との関連性が示されている。教師には，「知の理論」(TOK) との関連性を自ら探究することが奨励されており，自分自身が行う授業の中でこうした学習体験ができるようにすることが求められている。

○実践事例—DP化学　「知の理論」(TOK) との関係事例

　ここで，東京学芸大学附属国際中等教育学校のDP化学で実践している「知の理論」との関係事例を紹介する。

○単元：1. 物質量と量的関係　1.1　粒子の特性と化学変化
　TOKとの関連性を探究するための問い
「ラボアジェによる酸素の発見は，燃焼のフロギストン説を覆したパラダイムシフトの一例となった。この事実をもとに，あなたならフロギストン説をどのように否定しますか？」

　生徒はまず，可燃物質の燃焼，金属の酸化還元等の実験を通して，フロギストン説によって説明される燃焼の仕組みを理解した。そのうえで，フロギストン説を否定するためには，どのような根拠が必要かを考えていく。議論のスタートは，科学的なアプローチとして，「燃素（フロギストン）の存在を確認するにはどうすればよいか？」「燃焼前後の質量変化がフロギストン説では説明できないのではないか？」「空気が吸収する燃素（フロギストン）の限界はどのように定量化できるのか？」などについて，議論が進行していく。生徒が実際に行った実験と議論から，フロギストン説の部分的な矛盾が明らかになっていく。これまで，酸素の存在を当たり前のものとして捉えてきたが，目に見えないものの存在をどのように確認するのか，間接的証拠をどのように正当化するのかなどが問題点として浮かび上がってくる。

　次の展開は，「否定するとは何か？」である。矛盾点が一つ挙がれば，「その説をすべて否定したことになるのか」「例外の存在をどのように扱うのか」「議論するうえで共通の定義が重要ではないか」「一般化するとは何が求められるのか」，化学の話題を離れて，一般論へ展開していく。以下にこの議論の進行とともにホワイトボードに作成したメモを示す。

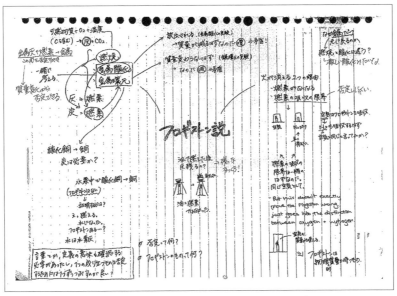

図2-3　フロギストン説否定に関する生徒議論のプロセス

このようにして，生徒たちは知るプロセスを探究していく。

この授業を経た生徒の感想は以下の通りである。

生徒A：物事を否定するには，考えきれないほどの仮説，実験，話し合いなどのプロセス
　　　が必要なんだと思った。パラダイムシフトは，時間の流れや技術の進歩だけで起こって
　　　いたのではなく，研究者たちの努力の結晶なんだと感心した。
生徒B：「○○が達成できたら否定ができる」という基準や「燃焼」「燃素」などの単語の
　　　定義を自分で考えないといけないことが大変だと感じたが，同時にこの自由があるから
　　　こそ新たな発想が出せるのだと思った。
生徒C：その時の一般的な考えを否定するのは難しいだろう。そのものが当たり前だと思
　　　われていることを考え直し，新しい知識を身に付けることは誰にでもチャレンジである
　　　ことがわかった。逆に絶対に間違っている情報を説明することも難しいことが分かった。
生徒D：金属に関する説明には納得がいった。しかし，燃焼というのには疑問が残る。1
　　　つだけの反例では完璧な否定にはならないと考えたからだ。水素で否定できても，じゃ
　　　あ紙は？　○○は？　と聞きたくなってしまう。フロギストン説に立っている人からす
　　　ると，やはり一般化した説明が必要だと思う。

　探究の発端は，「酸素の存在」という化学的な課題であったが，議論の核となる部分は「否
定」や「一般化」など抽象的な概念である。このようにして，教科学習と思考，感情，行
動との関連づけが行われていく。　　　　　　　　　　　　　　　　　　［鮫島　朋美］

2.1.2 IB教育授業者と学習者の特徴—— 6つの指導のアプローチの視点から——

　第1章1.3では，6つの指導のアプローチを紹介している。本項では，この6つの指導アプローチの視点から，特に本校のMYPにおける指導者の感じ方や学習者の反応を紹介する。ただし，6つの指導のアプローチのうち，⑥「評価を取り入れた指導」については，次項「評価の方法とその活用」で詳しく紹介する。

　本校の生徒は，後期課程になると，必ず課題研究を行うことになる。課題研究はスーパーサイエンスハイスクール（SSH）やスーパーグローバルハイスクール（SGH）の内容を含むものとなるが，他校と合同発表会を行うと，本校関係者以外の方から，以下2点についてご意見をいただくことが多い。

　1点目は，本校生徒の研究テーマがユニークである点である。コバンザメの吸盤を応用した新しい吸盤を開発しようとしたり，「小顔かどうか」を判定しようとしたり，国会でのヤジを分析したりなど，確かにユニークで面白そうな研究が多い。このユニークさは，おそらく学習内容を起点としたものではなく，彼らの関心事が現実の事象を起点としたものであるからであろう。

　2点目は，プレゼンテーション能力やコミュニケーション能力の高さである。もちろん生徒全員が当てはまるわけではないが，話術に長けている生徒は確かに多い。よくしゃべるし，その姿は自信に満ち溢れ，自分の意見をしっかりともっている。最も驚かされるのはアドリブ力である。質問されると生き生きし始める生徒もおり，不測の事態が発生しても臆せず対処する。これは，SSH/SGHの合同発表会の場のみではない。他校との交流会でのディスカッション，学校説明会での生徒プレゼンブースなど，多くの場で確認できる。

　以上のようなユニークさや能力の高さは，生徒のある一側面でしかなく，彼らの元々もっている資質・能力の高さによるのかもしれないが，IB教育の効果である可能性も極めて高いのではないかと筆者は考える。このような生徒はいかにして育つのだろうか。6つの指導のアプローチと関連させつつその推察を述べる。

○実践事例ー 6つの指導のアプローチ

（1）指導のアプローチ①　「探究を基盤とした指導」

　筆者が本校他教科の授業の話を生徒から聞いていて感じるのは，「生徒がとてもうらやましい」ということである。数式からではなく，現実事象にある「なぜ？」から単元が始まる数学。ある事象を明らかにするための実験を生徒がデザインする理科。授業中，教員よりも生徒の方がスピーキング時間の多い英語。次の授業におけるチームの練習メニューを生徒たちで考える体育ー。学びとは教わることであり，優れた者とはさまざまな知識をよく覚えている（記憶力のある）者，という認識であった自らの学生時代とは，全く異なる

学習が，IB校にはある。

　例えば，筆者の担当教科である「Design／技術科」では，大根を育てている。単元の最初に行うのは，現在の世界における食糧問題に関する問いをグループでリサーチし発表することである。その後，まずは大根栽培のテーマ設定をし，テーマに沿う栽培方法を各自リサーチするが，事前指導は必要な最低限の知識のみに絞られており，いつ，どの種類の肥料をどのくらい撒くのか，病害虫防除として何が効果的なのか，間引きなどの作業をどのタイミングで行うのかなどは，すべて生徒がリサーチして決定する。「先生，この葉っぱと焼酎とかを煮ると害虫除けの薬が作れるみたいなんですよ！　やっていいですか？」「だめだよ，だって生徒が学校にお酒持って来ちゃダメでしょ。」「えー，やりたいんですよ！」「……わかったよ，焼酎以外は全部準備してよ。」この会話は実際に行われたものである。さすがに，命を扱う栽培で，明らかにまずいと思われる方法をとろうとしている班については再検討を促すが，基本は生徒自身の責任で観察をし，変化をみて計画を修正したり，方策を変えたり，試行錯誤をする。結果，ニンジンより小さい大根ばかりが6本収穫できた班もあれば，販売されていてもそん色ない大きさの立派な大根を2本収穫する班まで，バラバラの結果が出る。収穫結果はデータで公開し，自ら用いた方策の正当性や仮説がどのようであったかを各自がレポートで評価・分析する。ちなみに，他校の技術科教員は，全員が大きな大根を育てることを目標に指導を行うとのことである。

　この授業で，筆者はいつも困っている。生徒のリサーチ以上のリサーチを重ねたつもりでも，想定外の提案をされ，セオリーではあり得ない大根の成長結果に首をかしげ，最後の評価レポートでは，生徒の出した結論を見て慌てて教師自らもデータを分析し直す。通常の施肥量の2倍程度までは生育に対しポジティブな結果をもたらすことが多いこと，日光は直接光だけでなく校舎からの反射光も有効であることは，生徒と筆者が一緒に学び続けて発見した新たなセオリーである。

　もちろん，生徒全員が楽しんでいるかと言われたら，そうではない。面白さに惹かれた生徒は探究を加速させていくが，それについていけない生徒ももちろん存在し，ひとつのことに熱中すると，他教科からも出題される課題との折り合いをつけられずに苦しむ生徒もいる。生徒主体だからこそ，生徒が授業外でも思考に費やす時間が増えてしまう。これらは本校が始まってからずっと抱えている課題であり，試行錯誤の最中である。しかし，このような授業スタイルをさまざまな教科で体験している生徒たちは，まず，チャレンジを恐れず，失敗に強くなる。自分たちの発想を信じること，結果が出なくてもそれがなぜ失敗したのかの振り返りをすればよいのだということを理解していること。これらはおそらく探究重視の学習の蓄積から生じたものであり，だからこそ課題研究のテーマ設定のユニークさに表れてくるのであろう。

（2）指導のアプローチ②③　「概念理解に重点を置いた指導」「地域的な文脈と
グローバルな文脈において展開される指導」

　では，次に，指導のアプローチの②と③を同時に扱ってみる。授業者や学習者が受ける
影響や変化を考える場合，この2つを区別して話を進めるのは難しい。これらはMYPの授
業において「探究テーマ」「探究の問い」に形を変化させて授業者と学習者を結びつける
ことになるからである。

　概念学習は，IBの中でも非常に難しい学習法のひとつである。「学習内容における，わ
かる・できる」を目標において指導を進めてきたところに，この概念学習が降ってくると，
指導目標と概念学習の間で葛藤を抱える方が多いのではないだろうか。グローバルな文脈
についても同様である。各教科には見方・考え方が示されており，それとは別の視点で学
習内容を捉えると学習の方向性が複雑化し，学習展開が見えなくなる。筆者もこのパター
ンに陥った一人であった。

　しかし，概念学習やグローバルな文脈は，学習者にとって非常に大切なものであると感
じる。とりわけ，探究的な学習を進めるIBにおいて，この概念学習があるからこそ，先に
述べたように生徒が失敗を恐れずチャレンジし続けられる，ともいえる。概念や文脈を意
識して展開される授業は，「たった一つの正解」を求めないからである。

　筆者がまず取り組んだのは，学習内容を概念として捉えることである。現在の指導の手
引き（guide）では，重要概念と関連概念がすでに示されているため，どの概念に内包させ
るかを考えるのだが，最初のうちは連想ゲーム状態であった。グローバルな文脈も然りで
ある。IBの主催する海外で行われた教科群のワークショップに参加したとき，英語が不慣
れな筆者に対し，日本語の堪能な参加者がサポートしてくれたのだが，探究テーマを作成
するセッションで，「重要概念と関連概念からひとつずつワードを選び，グローバルな文脈
を使って文章を完成させるんだ，簡単さ」と助言をくれた。リーダーの指示が全く聞き取
れなかった身としては，彼の言葉は天の声であったが，今から振り返ると，このやり方は
うまくいかない。これでは本当に連想ゲームになってしまい，学習内容に「とって付けた
だけ」のテーマとなる。生徒もそれを見抜くので，「○○先生は最初とか最後に無理やり
変な問いを出すだけだから意味わかんない」などと口にすることになる。

　苦悩を解決したのは，大学時代の恩師から学んだフレーズであった。それは論文のテー
マを定める際の考え方であるが，「A（＝対象）をBから見たとき（＝視点），Cがわかる」
というものである。ここでいう対象を概念，視点を文脈として考えたとき，この学習から
どのような景色を見せることができるか，という方向で探究テーマを考えると，途端に目
の前が開けた感覚があった。適切な探究テーマかどうかを確認する際，それが別の学習内
容であっても，他教科の学びであったとしても，耐えうるものとなっているかどうかを考
えると，さらに手ごたえがあった。

　このように指導者として学習と向かい合い，探究テーマを模索することは，学習を通し

て「生徒にどのような教養を与えられるか」を考えていることと同義であることに気づいた。教養の捉え方の一つとして，「すべてを忘れたときに残るもの」という考え方がある。学習内容には知識がたくさん詰まっているが，それら知識を忘れ去った後にでも，彼らの中に残る考え方とは何なのか─。はたしてIBと出会うまでの自分がそこまで突き詰めて考えていただろうか。

　探究テーマが適切なとき，探究の問いに関する学習活動は，非常にわかりやすい。生徒の表情が変わるからである。

　また筆者の例になるが，以前，数学科と技術科で行う学際的単元の試行として，はんだ付けの成功率をデータ化し，数学の統計的アプローチから原因を探り，後輩に向けて「はんだ付け成功の秘訣」を作成する学習を行った。授業冒頭では，統計処理により明らかとなった成功の秘訣を自信たっぷりにグループで共有していた生徒たちであったが，授業中盤で「質の向上は必ず生産システムに対しよい結果を生むといえるのだろうか？」という議論的な問いをぶつけてみた。「本当に成功率が上がったら良いと言い切れるの？」という，成功率を上げる方法を考える流れとは真逆の問いをされた生徒は，一瞬顔を曇らせるが，グループで質の向上を是とするか非とするかを話し合ううちに，議論が白熱してきた。最後に，概念的な問いとして「よりよい生産システムとはどのようなものか」を個々で記述してもらうと，さまざまな回答が上がってきた。廃棄率が下がり環境への負荷も低くなるのだから質の向上が最優先だという回答や，質の向上をねらうとその分だけひとつのものを生産する時間がかかり大量生産が見込めない，という回答など，優先する事項が個々で異なる結果となった。面白いのは，実際のはんだ付けでほぼ成功した生徒と失敗がかさんだ生徒で，少し傾向が異なったことであった。成功した生徒よりも，失敗した生徒の方が，現実的な場面を想定した意見を出す割合が若干高かったのである。探究的な学びで得た現実の体験が概念的理解に影響を与えているこの結果は，大変興味深い。また，議論的な問いを行った後に概念的な問いを提示すると，生徒は本当に熱心に自分の考えを表現しようとしてくれる。

　この面白さに取りつかれた本校の生徒たちは，「答えの見えない問い」に臆することなく挑戦する。知識やスキルだけでなく，自分なりの経験を駆使しようとする。考える対象よりも，その見方にさまざまな角度が存在し，どのような視点から対象を見るのかが重要であることに気づき始める。本校の生徒たちの研究テーマがユニークであるもうひとつの理由は，概念や文脈を提示した授業にあるかもしれない。

（3）指導のアプローチ④ 「効果的なチームワークと協働を重視する指導」

　ここまでの紹介でもおわかりいただける通り，探究を中心とした学び，そして概念理解を進めるための議論において，協働する行為は非常に関わりが深い。

　「リサーチ内容をシェアする」「行動する場面で役割を分担する」「問題が生じたときに

話し合う」「結果の発表時に他者を評価する」「振り返りの場面で他者の貢献を認める」など，探究する場面の各所で人との関わりが発生する。探究がグループワークであった場合はなおさらである。

　正直なところ，筆者は特に「協働を重視する指導」に対してはそこまで意識的に行っていない。それ以外の指導を重視した結果，自然と協働的な学びとなっていた，という印象である。ただ，グループワークでの探究は，いくつか課題もある。

　1点目は年齢的な課題である。MYPの期間は思春期の期間でもあり，生徒間の対立が表出しやすい。グループとしての学びを引き出すためには，ある程度グループに対し配慮を行う必要はあると考える。筆者も単元を通してグループワークを行う場合は，必要に応じて学習経験に関する調査を行う。例えばプログラミングの課題でグループワークを行うが，その際使用ソフトの経験や，情報の授業（本校では1年次に学校独自に情報の授業を設定している）の理解度をアンケートで答えてもらう。リーダーシップを期待できる生徒やムードメーカーとなり得る生徒，学習意欲の高さなどを考慮してできるだけ均等に班構成を行ったうえで，グループ分けの結果を当該学年の担任に確認してもらい，直近の人間関係や個々の抱える状況などを加味する必要があるかどうかのアドバイスをもらうようにしている。もちろん誰とでもチームワークを発揮できることが最終的な目標ではあるが，成長に合わせた配慮を行ったり，学びに対する経験値の差を考慮したりすることは必要である。

　2点目は評価方法に関する課題である。グループワークの評価は非常に難しい。どの生徒のどのような発言がグループの方向性を変えたのかなど，グループへの貢献を個別にすべて把握するのは困難であり，グループとして優れた成果を残したとしても，それをグループの生徒全員の評価に適用させることはできない。筆者の場合，基本的にグループワークの評価は「グループ評価」として別に提示し，フィードバックを含む形成的評価として用い，グループ評価を個々の総括的評価に直接反映させないようにしている。個々の評価は，探究活動の途中に個で行う学習活動を評価対象として位置づけたり，グループワークで扱う学習内容をテスト問題に反映させたりすることで個々の総括的評価につなげている。

　3点目は学習活動の平等性に関わる課題である。授業内の時間が限られてくると，授業者としては放課後の活動を想定したくなるが，過去に何度か放課後にグループ活動をしなければならない学習活動が複数教科で重なり，生徒内で不満の声が挙がる結果となったことがある。グループ全員がなかなか集まれず，一部の生徒にばかり負担がいってしまったり，貢献の低い生徒に対し同グループメンバーの反発が集中してしまったりなどが問題の一例である。すべての教科で探究的な学習を行っていれば，もちろんこのような問題は自然発生してしまうため，筆者は放課後のグループワークを行わないこととし，授業内で，授業者の目の届く限りにおいて協働活動が展開されるようにしている。それでも近年はメールやSNSなどが発達しているため，完全に食い止めることは難しいが，それも含めて学びとして捉えていくことが必要なのであろう。

課題はあれど，協働的な活動が結果的に増えていることで，学外で初めて会った誰かと議論をしたりグループワークを行ったりする機会に対し，本校の生徒は強さをみせる。口火を切る率は非常に高く，グループ全体の段取りや役割分担，コミュニケーションの必要性など，グループワークに必要なスキルを熟知している。

　筆者も，グループワークが増えてから，授業での関わり方が変化してきた。「せんせーい」「なに？　どうした」「こんな感じでいいんですかね」「いいじゃんいいじゃん！」「もっと良くなる方法ってあります？」「さあどうだろうね……ほかの人，あ，Bさんどう思う？」「え，あたし？　えーと」自分の授業の会話を思い出すと，大抵このような「のらりくらりと質問をかわす」ようなものがほとんどである。できていることを「できているよ」と認めること，対話に参加しづらい生徒に振ること，今の進捗状況とこれからどうしていくつもりかを聞くこと，が主な発言で，あとは雑用係である。「あれが足りない」「PCがおかしい」「こんなのがほしい」などに答えていると授業終了が近づき，慌ててリフレクションシートや作業記録の記入と片付けを促す。技術の授業中に漢字や英語の問題集を出そうとしている生徒に釘を指すこともももちろんあるが，大抵グループワークの時間は若干不足気味の授業時間の中でやっており，締め切りの期日は絶対に譲らないので，それをわかっている生徒たちの方から「やばいやばい時間ない」という声があがり，分担の修正や妥協点の模索などを自分たちで行おうとする。主体的で探究的な学びだからこそ，相乗効果で協働スキルも向上するのである。それを信じることができれば，授業者は黒子に徹することができるようになる。この黒子としてのファシリテートスキルこそが授業者にとって特に変化した部分であろう。

（4）指導のアプローチ⑤　「学習への障壁を取り除くデザイン」

　この指導のアプローチに関連する本校の特徴として，多様な背景をもつ生徒が集まること，毎年2回の編入試により，海外からの編入生を各学年数名ずつ受け入れることがある。本校の生徒には，生まれてからずっと日本で育った生徒もいれば，海外で育った生徒もいる。海外で育った生徒の中にも，滞在国や滞在年数はさまざまであり，日本で育った生徒の中でも，国内インターナショナルスクール等において日本以外の国籍の子どもたちと関わってきた生徒もいる。この状況は，母語の違いと日本語や英語の運用スキルの違いが生じる。この解決に向け，学校として，さまざまな取り組みを行ってきた。日本語を第一言語としない生徒には放課後の言語支援や学習支援を行ったり，テストや授業プリントなどでふり仮名を振ったりなどの取り組みを行っている。編入生については，別途補習を行ったり，これまでの学習内容を編入前に提示して予習をしやすくしたりなどの取り組みを継続的に行っている。検討すべき内容は，言語だけにとどまらない。どのような国で育った生徒であっても自身のアイデンティティーを押し殺すことなく生活ができるよう，校則をほとんど作らず，各自が「ルール」ではなく「マナー」を考えて行動するよう生徒指導を行うこ

とにしている。このような取り組みの中で，個々の背景の違いから生まれるニーズに個別に答えようとする姿勢は，自然と学校のスタンスに根づいていったように感じる。言語的，文化的な問題だけでなく，身体的なハンディキャップをもった生徒や，健康面や精神面でケアの必要な生徒などについて会議で情報交換し，解決すべき課題が出るたびに当該担当で早急に検討を行うようになっている。

　こうした取り組みを続けた結果，より多様な子どもたちが本校に集まり，それが生徒同士の相互作用をさらに良いものにしている。本校に入学後すぐの1年生は，毎年トラブルも少なくない。言葉，生活，考え方など，今まで自分が当たり前と思っていたことに当てはまらない人と出会うのだから，当然である。この衝突や葛藤を繰り返すことは，生徒の人格形成に大きな影響を与える。さまざまな考え方があることを前提に，それを許容することや，対話によって溝を埋めようとすること，まだ出会っていない考え方を知ろうと外に目を向け，情報が本当かどうかを体験によって確かめることなど，生徒はさまざまなコミュニケーションスキルを身につけながらより多く人と関わろうとし，自ら積極的に行動しようとする。教師は，IBの指導アプローチよりも，むしろこの多様な生徒との関わりから受ける影響の方が大きい。筆者自身が多様な文化に触れてこなかった分，いつも生徒から多くを学ぶことになるが，生徒の背景よりも，むしろ本校に入学してからの姿から学ぶことが多い。変化を楽しみ，人との出会いを楽しみ，果敢に外へ飛び出していく姿に，自らを省みてさらなる研鑽を誓うのである。本校の教員は迷いなく言うだろう。本校最大の魅力は生徒です，と。

　ここまで，よい影響ばかり述べてきたが，もちろんそればかりではない。(2)(4)でも例示したものをはじめとして，本校が現在抱えている課題は少なくない。

　IB教育は，膨大な学習課題を生徒に背負わせてしまう傾向がある。生徒が抱える学習課題が増えれば，当然すべてにじっくり取り組む時間的余裕はなくなる。生徒だけでなく，教師にも負担はある。たくさんの評価材料を抱え，評価とフィードバックに追われることが多く，教師が忙しくなれば，授業外でケアする時間の確保が難しくなり，放課後，教員を探し回っている生徒は多い。これらの問題は，本校のみならず，他の国内IB認定校でも共通している。

　それでもIBの実践を続けているのは，IB教育によって学ぶことの楽しさに気づき，生き生きとした姿を見せてくれる生徒たちをこの先もずっと見続けていたいからである。そして生徒たちが今後も生涯学習者としてさらに学びを深め成長していく姿に期待したい。

［馬田　大輔］

2.1.3　評価の方法とその活用

　IB教育が国際的に信頼され信用されている大きな理由の一つは，国や学校が変わっても共通の規準や基準を用いることで評価が標準化されている点であるといえよう。それを可能にしているのは，非常に綿密に工夫された詳細な評価の仕組みである。また，常にIB教育の現状の課題が検討され，それらを改善するために学習指導要領よりも短いスパンで『指導の手引き（guide）』が更新される。このように教育課程全般やその更新の仕組みが非常に体系化されているのも，IB教育の優れた点である。他方，IBの理念や意志のようなものは基本的に不変で継続しており，そのことがIB教育の枠組みやその更新のあり方を規定している。国際的な教育システムとしてのIBの理念をより良く活かすために，微調整も含めた修正が繰り返されてきているということである。

　DPは，外部評価として最終試験等が課せられることもあり，学習内容についても指定された規定の範囲内で選択する必要がある。それに対してMYPは，学習内容については各国のナショナルカリキュラムや各学校の事情に合わせて実施することができるようになっている。そのためMYPでは，このような各国や各学校の違いに起因する教育課程や学習内容・学習方法の多様性に対応することと，国際的な標準化を図ることとを両立すべく，単元設計と評価のあり方がDP以上に厳格に定められている。

　本稿では，MYPおよびDPにおける評価の基本的な考え方と具体的な活用方法について紹介する。

（1）評価の主体は誰にあるのか？

　この問いに対して，本書の読者であれば，「教師だけでなく生徒にもある」と答えるのではないかと思う。学習後に自己評価させて学習を振り返らせ，それを次の学習や他の学習に生徒自身が活かせるようにする場面を評価活動の一環として組み込んでいるような取り組みは，決して珍しくはないであろう。

　それでは，評価規準（評価の観点）と評価基準（評価の目安）の詳細はいつ，どのように生徒に示しているか，という問いにはどう答えるだろうか。課題やテストを返却する際に採点基準について解説する等，「当該の学習活動後に伝える」というケースが多いのではないだろうか。

　IB教育では，評価についても事前に生徒と共有しておくことが前提となる。学習目標（単元目標や各授業の目標）を生徒に伝えるのであれば，それと対応した評価目標も生徒は十分に理解している必要がある。学習目標＝評価目標を生徒が事前に認識し，それに向けて学習に取り組み，目標に即してどのような成果と課題がみられたかを判断するのが評価である。このように学習と評価が一体となっているのがIB教育の特徴であり（もちろんIB教育だけではないが），教師だけでなく生徒自身が学習成果の客観的な判断材料として評価を有効に活

用できるようになっているのである。

(2) MYPにおける評価─評価の枠組み

前述したように，MYPではDPに比べて学習内容に自由度がある反面，単元設計や評価の枠組みは厳格に規定されており，そのことで国際的な標準化が図られるようになっている。MYPを規定している大切な枠組みとして，次の2点が挙げられる。

① 「基本概念」・「関連概念」・「グローバルな文脈」を基軸とした探究課題の設定から学習内容に進んでいく逆向き設計によるユニットプランナーの作成
② 4つの評価規準（観点）で計32点満点（各観点が8点満点）として設定されているルーブリック（評価指標）

評価方法という意味では，②がその具体的な概要である。しかし，評価のあり方は①とも密接に関連している。本稿ではそこまでは踏み込まないが，是非，MYPの教科別『指導の手引き（guide）』を熟読し，学習と評価が一体となっているMYPの枠組みが具体的にどのように設計されているのか理解を深めていただきたい。

評価規準（観点）は教科によって異なるが，4つの評価規準があること，それぞれ8点満点であること，32点満点から7段階評価への換算方法が定められていること，は共通である。評価規準ごとにルーブリック（評価指標）が設定されており，最高8点が2点ごとに4段階（1-2，3-4，5-6，7-8）で区分され，4段階それぞれに評価目標に対応したストランドが記述されている。教科や観点によって異なるが，ルーブリックは2～4つのストランドによって構成されている。ストランドは，2点ごとの4段階それぞれがどの程度のレベルであるかを説明しており，評価対象が4段階のどのストランドの記述に該当するのかを評価規準ごとに判定することになる。もちろん，評価対象が4段階のうちどれに該当するのかストランドによって一致しないケースも出てくるが，その場合は全体としてどの点数が最も妥当か（ベストフィットするか）を判断することになる。また，各段階2点のうち上の点数とするか下の点数とするかについても，どちらがベストフィットするか判断する。

このようなルーブリックによる評価が公正に行われるようにするためには，評価対象となる課題を設定する際に，どの評価規準（観点）を対象とするのかを決めるだけでなく，各評価規準のうちどのストランドを対象とするのかについても決めておかなければならない。また，各年度において4つの評価規準（観点）および各ストランドが2回以上使われなければならないという規定がある。そのため，それが可能となるように，年間学習計画を作成する際に評価課題についてもかなり綿密に計画しておく必要がある。

ところで，MYPは原則5年間のプログラムとして設計されている。日本の学齢に当てはめれば小6から高1までの5年間が該当する。しかし，日本の一条校は，大多数が小中高

6-3-3制に基づく学校であり，本校のような中等教育学校や中高が連携した中高一貫教育のケースは増えてきているが，小中一貫教育を実践している学校はまだ少数である。したがって，小中が分かれている大多数の日本の一条校の場合，必然的に中1から高1の4年間を対象にMYPを導入することになるであろう。MYPでは，学習目標＝評価目標のレベルが学齢によって変化するように設計されている。教科別『指導の手引き（guide）』では，MYP第1学年，第3学年，第5学年のルーブリックが示されている。本校のように中等教育学校1〜4年を対象にMYPを導入する場合，または中高連携校において中学校の3か年と高校1年を対象に導入する場合，最初の学年（中1段階）はMYP第1学年のルーブリックに対応させ，最終学年（高1段階）はMYP第5学年のルーブリックに対応させることになる。中2〜3年段階の2か年間にどの段階のルーブリックを適用するかについては，学校や教科の実情に合わせて決めていくことになるであろう。

○実践事例―「世界史A」における評価

筆者のMYP評価の実践例をご紹介しよう。筆者の担当教科は「社会科」および「地理歴史科」であり，MYPの教科名では「個人と社会」（Individuals and Societies）が相当する（「公民科」もこれに含まれる）。「個人と社会」の4つの評価規準（観点）は，次の通りである。

A：知識と理解　　B：調査探究　　C：コミュニケーション　　D：批判的思考

取り上げる科目は第4学年（高1相当）の「世界史A」である。評価課題例の概要は次の表2-1の課題を参照していただきたい。夏休み等にプロジェクト型の課題も出しているが，ここではあえて汎用性を考慮し，教科書に沿った通常の学習内容に関する授業における評価課題の事例を取り上げることにする。

「評価規準D：批判的思考」にはi〜ivの4つのストランドがあるが，上記の課題で対象とするのは，そのうちiiとivの2つである。表2-1は，本課題の学習内容に対応した具体的な評価基準の説明である。評価課題について生徒に示す際には，課題の内容と併せて右欄のような課題に即した評価基準を作成し，事前に教員と生徒の間で共有しておかなければならない。

(3) DPにおける評価―評価の枠組み―

DPは6つの教科と3つのコアによって構成されている。各教科7点満点で6教科合計が42点満点となる。コアのうちEEとTOKはそれぞれA〜Eの5段階で評価され，この2領域の評価が換算表によって3〜0点または不合格（Failing condition）として点数化される。

表2-1　評価課題例「ヨーロッパとアメリカの工業化と国民形成」

単　元… ヨーロッパとアメリカの工業化と国民形成
テーマ… ドイツの統一
課　題… 「小ドイツ主義」と「大ドイツ主義」についてそれぞれどのように評価しますか？
　　　　授業中に示されたさまざまな意見もふまえた上で，あなたはどのように評
　　　　価するか見解をまとめなさい。
観　点… 評価規準D：批判的思考
　　　　ii．情報を統合して，有効かつ論拠のある主張を行う。
　　　　iv．さまざまなものの見方とそこに含まれる意味を解釈する。

評価課題ごとのルーブリック（評価指標）…

	レベルの説明	上記課題に関するレベル
0	以下に記す基準に達して**いない**。	
1-2	ii．**限定的な範囲**で情報を**要約**して，主張を行っている。 iv．さまざまなものの見方とそこに含まれる**最低限**の意味を**特定**している。	「大ドイツ主義」と「小ドイツ主義」の違いを認識している。 それぞれの主張の理由や根拠についてあまり理解していない。
3-4	ii．情報を**要約**して，主張を行っている。 iv．さまざまなものの見方とそこに含まれる意味を**いくつか解釈**している。	「大ドイツ主義」と「小ドイツ主義」の違いをおおむね理解している。 それぞれの主張の理由や根拠について一つの観点からしか分析できていない。または，2つ以上の観点から分析しようとしているが，理由や根拠の説明が不足しており，十分に理解しているとは思われない。
5-6	ii．情報を**統合**して，**有効な**主張を行っている。 iv．さまざまなものの見方とそこに含まれる意味を**解釈**している。	「大ドイツ主義」と「小ドイツ主義」の違いを理解し，それぞれの主張の理由に言及している。 それぞれの主張の理由や根拠について2つ以上の観点から分析している。
7-8	ii．情報を統合して，**有効かつ論拠のある**主張を行っている。 iv．**幅広い**さまざまなものの見方とそこに含まれる意味を**徹底的に解釈**している。	「大ドイツ主義」と「小ドイツ主義」の違いを理解し，それぞれの主張の理由について根拠を示して論じている。 それぞれの主張の理由や根拠について2つ以上の観点から分析している。また，ナショナリズム（国民主義）の視点から，統一後のドイツ社会への展望についても関連づけられている。

そして，6教科と合計して45点満点でスコアが決められる。

　6教科およびTOKの評価は，外部評価と内部評価によって構成される。DP生は，日本の一条校のように年度開始が4月の場合は2年目（高3段階）の11月に，海外の学校やインターナショナルスクールの多くは年度開始が9月の場合は2年目の5月に最終試験を受けるが，これは外部評価である。教科によっては最終試験以外に外部評価の対象となる課題が設定されている場合もある。他方，内部評価については各学校で評価するが，その評価点と当該の評価課題をIBに提出しなければならない。それらはIB担当者によるモデレーション（評価の適正化）を経ることになり，事後に評価点の修正が指示されることもある。このようにして，外部評価だけでなく，内部評価についても評価の適正化がなされている。

　DPの場合はMYPと異なり，その評価点が大学進学のための材料となることもあり，評価に対する生徒のプレッシャーは非常に強くなるが，それは担当教員も同様である。11月最終試験の場合，正式スコアは1月に発表される（2020年の場合）。しかし，志望する大学がDPスコアで一定の点数基準を設けている場合は最終の正式スコアでその基準に達するかどうか，基準を設けていない場合であってもフルディプロマ取得の最低条件となる点数（45点満点で24点以上）をクリアできるかどうか，を正式スコア発表前の予測スコアで判断しなければならない。特に国内大学に出願する場合は，AO入試や推薦入試等の特別入試が実施される時期にDP入試が設定されており，予測スコアで出願することになる。これらの入試の合否の発表は多くの場合12月までになされるが，これは条件付き合格であり，1月の正式スコアにおいて各大学が規定する条件を満たさなくなってしまえば合格が取り消されてしまう。予測スコアは各DP校で担当教員がつけることになるが，想定される正式スコアと乖離しないように慎重に評価しなければならない。

　DPにおいても評価目標が定められており，これはMYPと同様に評価規準（観点）に相当するものとなっているが，実際の評価においてはマークバンド（採点基準表）を基本として，評価課題によってはマークスキーム（採点基準）も参考にして評価点を決めることになる（詳しくは後述）。また，具体的な評価対象や評価方法は教科や科目によって異なり，MYPのように共通化が徹底されているわけではない。そのため，DPの『指導の手引き（guide）』はMYPのように教科ごとではなく，科目ごとに作成されている。各教科や各科目の評価方法の実際については科目別『指導の手引き（guide）』を参照していただきたい。

○実践事例─DP「歴史」（HL）における評価

　ここでは，筆者が担当している「歴史」（History）の事例を通してDPにおける評価の実際を紹介することにしたい。「歴史」（History）はDPの6教科のうち「個人と社会」（Individuals and societies）に属する科目であり，本校では上級レベル（HL）でのみ開講している。DP「歴史」の4つの評価目標は，次の通りである。

1：知識と理解	2：応用と分析
3：知識の統合と評価	4：適切なスキルの使用と応用

　外部評価の対象は，最終試験のPaper 1に対応する「指定学習項目」，Paper 2に対応する「世界史トピック」，Paper 3に対応する「HL選択項目：詳細学習（Depth studies）」の3つである。Paper 1〜3のそれぞれについて規定に則って学習項目を選択し，選択した学習項目について効果的に探究して歴史的思考力を高めることができるように学習内容を再編成して2年間の学習計画を立案しているが，評価対象はあくまでもこの3つに沿って行うことになる。

　内部評価（Internal assessment，以下IA）は，歴史研究（Historical investigation）である。歴史的に考察できるトピックを生徒自身が設定し，規定された3章構成でレポートを作成する個人研究となっている。

　Paper 1，Paper 2，Paper 3，IAのそれぞれに対応したマークバンド（採点基準表）があり，それに沿って評価点を決定する。それぞれの点数は配点比率がPaper 1が20％，Paper 2が25％，Paper 3が35％，IAが20％となるように換算され，さらにその合計点が7段階評価に換算されることになる。

　MYPの場合は，評価規準（観点）ごとに評価基準が定められているが，DP歴史のマークバンドでは4つの評価目標に対応したストランドがそれぞれの評価基準点枠でまとめて表記されており，全体としてベストフィットするのが何点になるのか判定することになる。

　なお，DP歴史の外部評価（最終試験のPaper 1〜3）は，Paper 1の一部を除き，論述試験（エッセイライティング）となっている。例えば，次のような設問に解答することが求められる。

> 「20世紀の戦争を2つ取り上げ，これらの戦争の結果を左右する上で技術発展が果たした役割を比較・対比しなさい。」

（出所）DP「歴史」試験問題2（Paper 2）試験見本（2017）より

　ここでは具体例として，Paper 2に対応したマークバンドの一部を取り上げて説明する。

　Paper 2では，2つの問いを選んで解答する。各15点満点で合計30点満点になる。最高15点が3点ごとに5段階（1-3，4-6，7-9，10-12，13-15）で区分され，5段階それぞれにストランドが4項目ずつ記述されている。このストランド4項目のそれぞれが，ほぼ4つの評価目標に対応している。例えば，「10-12」点段階の評価基準は表2-2のように記述されている。

　表2-2に引用した4つのストランドは，上から下の順でそれぞれ次の評価目標にほぼ対応していることが読み取れる。

表2-2　Paper2「10〜12点」のストランド

10-12	・設問の要求を理解しており，答案もこれに沿って作成されている。答案はおおむねよく構成されているが，ところどころ繰り返しや不明瞭さが見受けられる。 ・設問が扱う世界史のトピックに対する知識はおおむね正確であり，設問への関連性もある。歴史上の出来事をおおむね歴史的文脈に位置づけて論じており，歴史的概念に対するある程度の理解も見受けられる。 ・議論のために選んだ例は適切であり，設問への関連性もあるうえ，分析・評価を裏づけるための根拠として使われている。（設問にとって適切な）比較や関連づけが効果的に行われている。 ・批判的分析が行われており，その大部分が明瞭で，一貫性もある。異なる視点に対する認識と評価がある程度見受けられる。主要点のほとんどは根拠によって裏づけられており，議論が結論へと論理的につながっている。

出所）国際バカロレア機構（2016：73）

　　4：適切なスキルの使用と応用　→　1：知識と理解　→　2：応用と分析
　→　3：知識の統合と評価

　本校は，中等教育学校6か年IB一貫教育として，MYPとDPをともに導入している。1〜4年（中1〜高1に相当）については全生徒がMYP対象であるが，5〜6年（高2と高3に相当）については一部の生徒がDPの対象となっている。MYPからDPへの継続性を考慮し，生徒や教員が評価を有効に活用することができるように，DP歴史についてはマークバンドの4つのストランドを4つの評価目標に分けた評価基準表を独自に作成し，評価規準（観点）ごとに学習成果の達成度が明らかになるように工夫している。授業中に行うテストについてもPaper 1〜3の形式で出題し，テスト返却の際には評価規準（観点）ごとに成果と課題が明らかになるようにコメントを記して解説するようにしている。　　　　　　　　　　［山本　勝治］

2.2　「学習」の実践

2.2.1　MYPにおける「学習の方法」（ATL：Approaches to learning）

（1）学び方を学ぶ

　「学び方を学ぶ」ことを児童生徒の教育の基本に位置づけているIB教育では，発達年齢に応じた以下のようなプログラム目標を設定することで，すべての年齢のIB児童生徒が，良い質問をし，効果的な目標設定を行い，自身の願望を追求し，それを達成する決意をもった，自己調整が可能な学習者になるための力を身につけるという学習目的を共有している。

PYP	教科横断的な概念とスキルの習得
MYP	「学習の方法」（ATL）
DP	「知の理論」（TOK）

　第1章でみたように，「学び方を学ぶ」ためのスキルとして，相互に関連するスキルを以下のような5つのカテゴリーに分類している。これらの5つのカテゴリーは，各プログラム内で発達段階に適した方法で強調されるスキルとともに，すべてのIBプログラムに及ぶ。

・批判的思考，創造的思考，倫理的思考などの分野を含めた**思考スキル**。
・情報の比較，対照，検証，優先順位づけなどのスキルを含む**リサーチスキル**。
・口頭および記述によるコミュニケーション，効果的な傾聴，および議論を組み立てることなどを含む**コミュニケーションスキル**。
・良好な社会的関係を築いて維持する，他者の話を傾聴する，対立関係を解消する，といった**社会性スキル**。
・時間や課題の管理といった管理・調整スキル，および感情やモチベーションを管理する情意スキルの両方を含む**自己管理スキル**。

　行動的で，思いやりをもった生涯学習者を育成するというIBの使命を支えるうえで，これらのスキルの発展は重要な役割を果たしている。これらのスキル領域はお互いに密接なつながりをもち，相互に関係していると見なされる。

(2) ATLを意識した授業実践

　MYPでは，5つの学習スキルを生徒の発達段階に応じたスキルクラスターに展開している（1.4.2 表1-3参照）。

　それぞれのスキルクラスターの具体的イメージは，例えば，1．コミュニケーションスキルであれば，「・相互作用を通して思考やメッセージ，情報を効果的にやりとりする。・意味のあるフィードバックを与え，受け取る。・コミュニケーションを解釈する際に多様な文化の理解を用いる。……」といったように，具体的に提示されている。詳しくは、『MYP：原則から実践へ』の「付録1　ATLスキルの枠組み」に詳細に記されているので確認していただきたい。

○実践事例—ATLスキルにフォーカスした授業

　MYPにおいて，ATLスキルは評価の対象ではないが，一般的なスキルと学習分野ごとのスキルの両方が含まれているので，すべての教科において生徒の到達度に貢献する。

ここで，ATLスキルにフォーカスした本校の授業実践を紹介する。

〔授業概要〕〔対象学年・科目：中学3年生　理科　単元：化学電池〕
　理科の学習内容としては，化学電池のしくみを理解することである。MYPの授業実践
として，電池開発の社会的背景を文脈として用いた。具体的には，電解液に液体を用いな
い屋井乾電池の使用が日清戦争における厳寒の戦地で電池が凍結することなく使用でき，
勝利に貢献した事実を紹介し，化学電池の基本構造を学んでいく。さらに，授業展開の中
で，「電池は社会的状況に合わせてどのように開発されていったか？」という探究の問い
を生徒に投げかける。
〔育成を目指すATLと生徒の様子〕
①批判的思考スキル　　　　・問題を認識するために注意深い観察を実践する。
→一般的な化学電池は，2種類の金属板を電解質溶液に浸して作製する。まずは，中学理
　科で扱われるダニエル電池の作製を通し，化学電池の仕組みを理解する。その後，実際
　に使用されているマンガン乾電池の分解を行い，電解液に液体を用いないための工夫を，
　生徒自身が観察することにより，問題を認識する。電池の中身を想像したことのない生
　徒，緻密な電子機器の構造のようなものと考えていた生徒などさまざまいたが，ペンチ
　で分解した電池の中から金属製の筒と黒い棒や粉が取り出されると，なぜこれで電流が
　流れるのかに疑問を抱いていた。その疑問を解決するため，自ら使用前後の電池を比較
　したり，電子オルゴールにつないだりと，試行錯誤している生徒の様子が印象的である。
　さらに，分解された電池の中身（黒い粉）を取り出し，触ってみることにより乾電池の
　「乾」の意味を理解する。
②転移スキル　　　　・複数の教科や学問分野を関連づける。
→探究の問いに向き合うために，生徒自身が，電池開発の科学的背景，政治・経済の状況，
　倫理的な問題等，日清戦争当時のさまざまな情報を収集し，現代社会における燃料電池
　やリチウム電池等の実用電池開発の背景についても，その科学技術の発展と社会的背景
　について学ぶ。
　屋井「乾」電池がそうであったように，科学技術の発展はその当時の社会的背景と切り
　離せないものであることに気づく。スマートフォンやゲーム機などで，普段から電池を使
　用している生徒たちは，その科学技術の発展にも興味を抱き，議論が生まれる。さらに，
　これからの未来に開発されるであろう電池の創造で，議論はさらに盛り上がった。

　ATLスキルは，学習者像・グローバルな文脈・重要概念と同様に，すべての教科に共通
のキーワードである。ある一つの教科があるATLに特化して育成しようとしても，生徒の
資質・能力の伸長には貢献しないであろう。上記実践においても，実験観察に対する生徒
の主体的な行動や「探究の問い」に対する活発な意見交換は，理科授業によってのみ育成
されるものではない。学校全体としてMYPに取り組み，各教科がATLを意識した取り組
みを行っているからこそ生まれた生徒の学びの姿であると思う。
　本校では，カリキュラム・マネジメントの実現にむけて，月1回のペースで開催してい
る校内研究会において，各教科のATLに対する取り組みを整理し，学校全体で共有してい
る。これにより，各教科の内容ベースではなく，概念や汎用的な見方・考え方をベースと

した教科間連携や体系化の可能性を見出すことにつながる。さらに，各ATLスキルに対する取り組みが多様であり，それぞれの教科の特性が活かされていることが明確になり，現在は各ATLの伸長で多面的にアプローチしていく方向性を学校全体で共有している。この取り組みについては，「第6回TGUISS公開研究会，グローバル化社会に生きる資質・能力の育成—国際バカロレアの教育システムに基づく「学びの地図」作成へ—」（2018年6月23日）を参照されたい。

　特定のATLスキルを単元の学習と指導において焦点化することにより，生徒の自己理解を促し，より有能で自己管理のできる学習者になると考えられる。　　　　　　　［鮫島 朋美］

2.2.2　DPコア（EE・CAS・TOK）

　DPにおける総合的・学際的な学びの領域である「課題論文」（以下，EEと略す），「創造性・活動・奉仕」（以下，CAS），そして「知の理論」（以下，TOK）は，「コア」と称され，概念を中心としたDP教育を特徴づける。DPは，MYPを修了した次の段階の学習プログラムとして想定されているので，DPコアの理解はMYPのカリキュラムデザインにも必須であるといえよう。

　DPコアについて誤解が生じないように正確にかつわかりやすく記していくのは難しい。そこで本稿では，東京学芸大学附属国際中等教育学校でのこれらDPコアの取り組みを紹介しながら，IB教育の理念を支えるEE，CAS，TOKの役割の一端を示していきたい。

（1）EE（Extended essay／課題論文）

　生徒はEE（課題論文）で取り組む1科目を，DPで学んでいる6科目のうちから選ぶ。当該科目および当該教科の方法論（研究手法）を活用しながら課題論文を完成させなければならない。生徒が個人で取り組む学びの集大成という点では，MYPのパーソナルプロジェクトに相当するともいえるが，両者には大きな違いがある。すなわち，パーソナルプロジェクトにおいては，教科学習の一部とみなされるようなプロジェクトは認められず，特定の教科を超えた生徒自身の個人的な関心に基づいた取り組みでなければならない。それに対してEEは，選んだ科目が属する学問分野に対応したトピックでなければならず，その学問分野の手法で論証が可能な探究課題を設定することが求められるのである。

○実践事例—EE（課題論文）

　本校では，DP1年目の年度当初（4月初め）において，DPオリエンテーションの一環としてEEについて1回目の全体オリエンテーションを実施している。EEの概要と完成までのスケジュールを確認した後，夏休み前までにどの科目でEEに取り組むつもりか，DPの

6科目の学習をしながら候補科目を探っておくように指示する。

　DPの学習が始まって3か月も経過すると（1学期の終わりごろ），生徒たちはDPの学びに慣れてきて，6科目の学習それぞれにおいてどのような思考やスキルが求められるのか，具体的に理解できるようになってくる。探究学習を進めていく中で，構成主義的な学びのあり方（自ら知識を構築していくことで，思考を深めていく学びのあり方）の楽しさが実感されるようになってくる。他方で，その難しさに直面して不安や悩みが生じてきている生徒もいるようである。本校ではそのような時期に，各自が考えているEEトピック案を提出させ，2回目のEEの全体オリエンテーション（ガイダンス）を行っている。この段階では，どの科目でEEに取り組むのか迷っている生徒も多い。夏休み中にトピック案について具体的に検討させ，夏休み明けにはEEに取り組む科目を仮決定させる。

　科目の最終決定は，DP1年目の冬休み明け（1月初め）に設定している。ここでスーパーバイザー（指導教員）を確定する。その後，DP2年目の6月末〜7月初めに1st draftを提出，8月中旬から下旬にFinal draftを提出し（校内締め切り），スーパーバイザーによる最終面接を経て9月中旬にEEをIBに提出し，終了となる。

　EEを進めるにあたり，最も重要でかつ慎重に検討する必要があるのは，トピックを選んで探究課題を設定する最初の段階である。ポイントは，①探究する意義のある探究課題になっているか，②選んだ科目が背景とする学問分野で認められている方法で論証することが可能な探究課題になっているか，③対象がEEとして適切な範囲になっているか（トピックが広すぎたり狭すぎたりしていないか）である。適切な探究課題が設定できれば，その後は関連資料を分析したり議論を整理したりする作業もスムーズに進むことになる。不適切あるいは不明確な探究課題で取り組もうとすれば，途中で論が課題からずれてしまったり，探究した過程を含まない調べ学習のレベルに陥ってしまったりする危険性が大きくなる。

　EEにおける評価の観点は，次の5項目である（国際バカロレア機構 2017b）。

A：焦点と方法	B：知識と理解	C：批判的思考
D：形式	E：取り組み	

　生徒がEEとして選んだ科目の教員が，スーパーバイザーとして生徒と面談（振り返りセッション）を行う。上記の規準には科目と関連した学問領域において適切な課題設定，分析や論証の方法等が求められるため，スーパーバイザーは当該学問領域の手法に精通していなければ適切な指導は行えない。同時に，EEはDPの学びの集大成でもあり，DPの各教科（各科目）の特性を理解していることが求められる。したがって，DPの当該科目授業担当者あるいは担当経験者がEEのスーパーバイザーとなることが望ましい。

　筆者は，DP歴史の授業を担当しているので，歴史でEEに取り組んでいる生徒のスーパー

バイザーも担当している。歴史でEEを書く場合，定められた規定の範囲内でトピックを自由に選べる。DP歴史の授業で扱っている範囲に限定されることはない。したがって，スーパーバイザーはどのような歴史に関わるトピックに対しても，指導ができなければならない。生徒が設定したトピックや探究課題が歴史学の方法論で論証可能かどうか，意義があるものかどうか，資料が適切かどうか等的確に判断できるだけの専門性が不可欠となってくる。

　EEは，CASと同じく，授業外の時間で進めていかなければならない。スーパーバイザーと面接のアポイントメントも生徒自身の責任で行う。授業時間が設定されている6科目やTOKについても，授業外に教師との個別面接の時間が必要である。生徒は常に日程調整しながら複数の課題をスムーズに進めていかなければならず，2年間で高度な自己管理能力が養われることになる。　　　　　　　　　　　　　　　　　　　　　　　　　［山本　勝治］

（2）CAS（Creativity, Activity, Service／創造性・活動・奉仕）

　CAS（創造性・活動・奉仕）とは，創造的な活動・身体的な活動・奉仕活動を課外活動として約18か月間継続的に行うものである。CAS指導の手引き（guide）には，「……自己決定し，他者と共に活動し，目標を達成し，その達成感を得る機会をもたらします」（国際バカロレア機構 2015b：10）とあり，これがCASの重要な意義となっている。

　IBでは地域や学校の特性に配慮する必要があり，CASでもこの視点が重要なものとなる。日本では当たり前のように行える学外での活動が，他国では校外に出るだけで危険を伴う活動になってしまうこともあり得る。ここでは，本校が，生徒および学校の特性に合わせ，どのようなCAS活動を行っているかを紹介したい。なお，ここではCASの全体像の説明を省いているため，IBが発行するCASの指導の手引き（guide）を一読されることをお勧めしたい。

○実践事例―CAS（創造性・活動・奉仕）

　まず，本校がCASを行ううえで強みとなるのは，生徒がすでにMYPを経験していることである。例えば，MYPでは「行動」としての奉仕活動（SA：Service as Action）（以下，SA活動）を行うが，本校でSA活動としてさまざまな活動に取り組んだ経験がCASでも継続でき，常にアンテナを張ることや，活動を行った際には記録を取ることなどが，習慣化できている。これはCASを始めるうえで非常に大きなことである。

　本校のSA活動は，ボランティア部等の呼びかけによる各種イベントのボランティアに参加してみることから始める生徒が多い。ボランティア活動への興味が高まっていくと，地域の掲示やWebなどから自分で活動を見つけるようになる。さらに意識の高い生徒は，自ら活動を企画するようになる。こうした活動を行った生徒に，他の生徒に対して活動紹介をしてもらう時間を設定することで，生徒が相互に影響し合い活動の輪が広がっていく

ようになっている。

このようなSA活動をはじめとするMYPで得られた経験を活かし，CASの意義を最大限引き出す活動が本校のCAS活動である。大きな特徴は以下の通りである。

①異学年を含む2〜3名の小グループに1名のアドバイザー（教員）をつける

本校は，1名のCASコーディネーターと7〜8名のCASアドバイザーによって教員のCASチームが構成される。1人のアドバイザーが，2〜3名の生徒を担当して活動の確認や許可，認定，面談などを行っていくが，担当生徒については必ずDP1年目と2年目の生徒を混在させる。これにより，2年目の生徒が1年目の生徒に支援する機会を生み出している。

②アドバイザーを交えた小グループでのミーティングを月に1回程度開催する

①にある，生徒間の協力をさらに高めるため，IB側が求める面接以外にも面談の場を設け，小グループでの面談を実施する。これにより，生徒間の協働活動が図られ，生徒－生徒間や生徒－アドバイザー間の信頼関係も高まる。

③CASプロジェクトに校内ルールを設ける

CAS活動履修の要件のひとつに，「CASプロジェクトの実施」がある。CASプロジェクトとは，自主的に企画し，調査・計画・実施まで関わる，協働的・中長期的な活動を指すが，ここに本校は新たに2つの校内ルールを設けている。それが，「社会と関わること」と「活動後発信を行うこと」である。これにより，生徒は部活動など校内での活動だけでなく，校外での活動に取り組む必要が出てくる。この取り組みは，MYPの下地があって成立すると考えている。なぜなら生徒自身が活動を自分で探してくる経験が不可欠だからである。また，「活動後発信を行うこと」は，活動で得られた経験や思いなどを何らかの形でアウトプットすることを求めている。これにより，生徒の自己肯定感やメタ認知の向上を図っている。

④教員側から極力活動を斡旋しない

他校では，いくつかのCAS活動を学校が定め，取り組ませるケースもある。本校は生徒が自分で活動を見つけ企画するのが基本である。生徒の自己成長を考えると，それが最も適切であり，そのような企画力をすでにMYPで培っていると判断したからである。小グループでの面談や教え合い，先輩のCASプロジェクトの発信を後輩が見る機会を作ることなども，生徒が活動を見つけるヒントとなる。例外的に，教員側から「お願い」する活動はある。例えば，以前「後輩にDPを紹介したいんだけど映像作れる人いない？」と生徒にお願いしたところ，ほぼ全員が手を挙げてくれた。結果，多忙を極める中，皆が出演し映像を作ってくれた。彼らには感謝しかない。

⑤活動提案時と終了時に必ず書類を作成する

本校生徒が最もCASで不満を口にする部分である。「先生，他の学校のDP生はこんな面倒な書類作っていませんよ」と何人かから言われたことがあるが，ここまで貫いてきたのは，CAS活動の意義や活動に伴うリスクを考慮した結果である。本校は生徒自身が活動

を見つけてくるため，活動の幅が非常に広く，アドバイザー側の想定を超える活動も多い。よって，活動前に生徒本人もアドバイザーも安全性をきちんと確認する必要がある。そのため，必ずリスクマネジメントとして「①健康　②対物障害　③災害　④倫理　⑤運営」の5つの側面からリスクを挙げ，回避・減少策と振替・受容策を考える。また，本当に活動が自己の成長に繋がるかどうかに向き合うためには，活動の動機や自己評価のルーブリック（学習成果の達成要件とそれを示す証拠の列挙）を提示し，活動後，結果としてどのような成長があったのかを記述する。その他，活動に応じて，保護者同意書やスーパーバイザー依頼書・確認書など，活動許可から認定までに書類上で多くのやり取りをすることになっている。

　その他，各学期の終了時にCASの時間を1時間設け，進捗状況を確認し振り返ったり，TOK等との関連を考えCASでの取り組みを深める取り組みも行っている。

　このような実践の結果「これだけは自信をもってやったといえるものができた」「大学出願時，これまで行ってきた活動を書くのに困らなかった」「振り返りや記録をやっていたので活動についての説明がまとまりやすい」などの声が，教師や生徒から挙がっている。

　CASは，唯一最終スコアの数値に影響しないDP科目であり，IBの提示するCASの要件を達成できるかどうかのみが修得の判断基準となる。そのため，ただでさえ忙しいDP生は「いかに省エネでこなしていくか」という発想になりやすい。しかし，それではCAS活動の意義がなくなる。CAS活動が生徒一人ひとりにとって実りあるものになるかどうかは，生徒や学校の特性を踏まえた活動方針や戦略が重要な要素となる。　　　　　　　　　　［馬田　大輔］

（3）TOK（Theory of knowledge／知の理論）[1]

　TOK（知の理論）は，「具体的な知識について学習するのではなく，知るプロセスを探究」することを目的としている（国際バカロレア機構 2015a：3）。教科学習や世界とのつながりを意識しながら，知識はどのように構築されるのか，さまざまな視点から批判的に検討し，知識の前提を探っていく。知識の取り入れ方に自覚的になることが求められる。

①TOKの根源的な問い— How do you know?

　TOKの「ねらい」と「目標（評価目標）」については，『「知の理論（TOK）」指導の手引き』において箇条書きで明記されている。それらを総括して探究課題の形で示したTOKの根源的な問いが，「あなたはどのようにして知るのか（How do you know?）」である。

②TOKの特徴と指導上の留意点—実践の実態から

　DPの6教科や各科目については，日本の学習指導要領も含めて，世界各国のナショナル

---

1) 本項は，山本勝治（2017）「DP「コア」としてのTOK（Theory of knowledge 知の理論）」（『第2回授業研究会』東京学芸大学附属国際中等教育学校）を加筆・修正したものである。

カリキュラムにおける教科や科目の中に対応するものが存在している。それに対してTOKはDP固有の学習領域であり，その理念，学びの特徴，取り上げる内容等を具体的にイメージするまでに時間を要する。それは，生徒にとってだけでなく，教員にとっても同様である。

　生徒は何をどのように思考したら良いか迷いながらTOKに取り組み始め，1年目の1学期が終わる頃，ようやくTOKとはどのような学びか，漠然と認識するようになる。各科目で取り上げるような「具体的な知識の内容ではなく，知識がどのようにして構築され評価されているかを考察する」(国際バカロレア機構 2015a：25) というTOKの主旨を徐々に共有できるようになってくる。そして，TOK的に思考することに楽しさを見出せる生徒が増えてくれば，授業中の議論も深まるようになる。後述する評価課題（プレゼンテーション，エッセイ）で成果をあげるためにも，生徒主体で試行錯誤を繰り返しながら探究するこのような過程を大切にしていきたい。反対に，教師が探究課題の模範解答を示したり，授業における議論を教師主導で整理したりしてしまうことは，控えるべきであろう。

〇実践事例―TOK（知の理論）

・TOKの学習項目1　―TOKの思考の枠組みとなる概念用語―

　本校では，TOKの授業を次の5項目に整理して段階的に実施している。

　第一段階の「TOK導入」においては，「知識に関する主張」「知識に関する問い」「共有された知識」と「個人的な知識」の関係など，TOKの概念的なツールを使いこなせるようにするための学習活動が中心となる。この段階においても，教師がそれぞれの意味を教えるのではなく，生徒が議論を通してTOK用語をツールとして用いていくことができるようになることを念頭におき，そのような場面を授業の中に設定することが肝要である。「知識に関する問い」は，教科学習の対象となるような「知識の問い」ではなく，「知識についての問い」である。「具体的な知識の内容ではなく，知識がどのようにして構築され評価されているかを考察する」(国際バカロレア機構 2015a：25) ための問いである。

　第二段階は「知るための方法（WOKs：Ways of Knowing）」に焦点を当てる。WOKsとして，言語，知覚，感情，推論，想像，信仰，直感，記憶の8つが設定されている。このうち4つを深く学習することが推奨されている。8つの方法それぞれの特徴について「実社会の状況」もふまえて議論し，「どのようにして私（たち）は知るのか」という問いに答える際にどの方法を使っているのかについて自覚的になる。さらに，これらの方法をどのように相互作用させて知識を構築しているのか，分析していく。

　第三段階は「知識の領域（AOKs：Areas of Knowledge）」を扱う。AOKsは，数学，自然科学，人間科学，歴史，芸術，倫理，宗教的知識の体系，土地固有の知識の体系の8つであり，このうち6つを取り上げて学習する。関連する教科学習における「知識の性質」についても考えながら，各領域の特徴をつかんでいく。そのためには，比較の視点が不可欠で

ある。異なる「知識の領域」と比較するためのツールが「知識の枠組み」であり，「範囲・応用」「概念・言語」「方法論」「発展の歴史」「個人的な知識とのつながり」の5つから成り立っている。これら5つの枠組みにそって複数の「知識の領域」を比較することで，各領域の「知識の性質」が浮かび上がってくる。

・TOKの学習項目2　―TOKプレゼンテーションとTOKエッセイ―

　ともに最終評価の対象となるもので，「知識に関する問い」について振り返る（探究する）ことが中心となる。最終評価にそれぞれが占める割合は，プレゼンテーション33%，エッセイ67%である。

　TOKプレゼンテーションは，個人またはグループ（最大3人）で行う。生徒（たち）が関心をもっている「実社会の状況」を取り上げ，それに関係した「知識に関する問い」をたて，「知るための方法」等のTOKの諸概念を用いて探究する。探究の過程において，最初に認識した「知識に関する問い」からさらに発展した「知識に関する問い」が生まれる。その発展した「知識に関する問い」を元の「実社会の状況」に適用して説明するとともに，実社会の他の状況にもあてはまることを示す。「TOKの概念が実際的な用途に応用できることを，プレゼンターは十分に実証したか」が評価される。

　TOKエッセイは，DP1年目末の3月に発表される6つの所定課題のうちから1つを生徒それぞれが選んで取り組む。生徒は選択した所定課題に関係した「知識に関する問い」をたて，それについて「知るための方法」や「知識の領域」に結びつけて議論を発展させる。「所定課題を議論するにあたって，「知識に関する問い」を適切かつ説得力のある方法で分析したか」どうかが評価される。評価においては，「知識に関する問い」の理解とともに，分析の質として，「立論が明確で，実社会の事例を使って裏づけているか」についても問われることになる。　　　　　　　　　　　　　　　　　　　　　　　　　　　　　　　　[山本　勝治]

2.2.3　概念学習――重要概念とグローバルな文脈――

（1）重要概念とグローバルな文脈とは

　MYPの学びについて，『MYP「個人と社会」指導の手引き』には次のように示されている。

　MYPは，グローバルな文脈において**概念理解**を促すことによって，「個人と社会」の持続的な探究を構築します。教師と生徒は，科目を探究するために**探究テーマ**を開発し，**探究の問い**を利用します。生徒はこの探究を通して，教科の，そして学際的な「**学習のアプローチ**」の特定のスキルを習得します。　　（国際バカロレア機構 2018b：17，太字強調筆者）

　MYPの学びにおいて，概念理解およびグローバルな文脈は，ATLスキルとともに探究

の中心軸となる重要な考え方である。概念について『MYP：原則から実践へ』では，次のように示されている。

> 　概念とは「大きな考え方」です。普遍的な原則や考えであり，その重要性は，特定の起源，主題，ある時代の場所などといった側面を超越するものです（Wiggins and McTighe 1998）。概念は，生徒が個人的，地域的，そしてグローバルな重要性をもつ課題やアイデアを探究するときの媒体となり，科目の本質を掘り下げる手段を提供します。
> 　概念は，知識の構造の本質的な位置を占めています。生徒は概念によって，事実やトピックというレベルを超えた思考を示すように求められます。また，概念をもとに生徒が将来にわたってもち続ける理解が形成されます。つまり概念は，生徒が世界を理解し，今後の学習や学校の枠をこえた人生で成功するために活用することのできる，普遍的な原則となります。
> 　　　　　　　　　　　　　　　　　　　　　　　　（国際バカロレア機構 2018a：18）

　例えば，日本の歴史に出てくる「墾田永年私財法」という法律は，律令体制の税制が行き詰まり，荘園が増加していくきっかけとなるものである。国がすべてを管理するルールから，民に競争をさせるルールへと変化させていく一つの事例である。これまでの学習では，このような個別的な知識を覚えながら，各時代がどのような時代だったのかということについて知ることが一般的な歴史の学習であった。しかし，MYPではこのような奈良時代に起きた個別的な事象や平安時代に起きた個別的な事象などそれぞれをすべて学習しようというものではない。例えば「墾田永年私財法」の本質にある，権力者と労働者の満足度のバランスの変化や，経済における競争と管理のバランスの変化といったものを通して，歴史を探究させることが，MYPの学びである。「墾田永年私財法」はその変化の事例として偶然学習する内容であり，もしかすると，もっと良い事例があって学習しなくて良いかもしれない。いずれにしても重要なことは，「墾田永年私財法」を知ることではなく，変化という概念を使って，歴史を探究することなのである。

（2）概念学習の重要性

　なぜこの概念を使って探究することが重要なのか。それは概念がさまざまな学習の場面に転用可能だからである。先ほどの権力者と労働者の満足度のバランスの変化や，経済における競争と管理のバランスの変化ということを例に挙げるならば，このテーマで歴史事象を分析させると，奈良時代でも，平安時代でも，現代でもいつの時代でも分析することができ，それらのつながりを見出すことができる。また，これは教科を超えて，芸術の授業で絵の描き方に関する変化や，化学の授業での物質の変化などに転用可能かもしれない。教科を越えて，生徒自身が学びを深めていくことが可能になる。いずれにしても，生徒は概念を用いて探究することにより，個別的な知識について，この知識はどのような意味があるのか，どこに位置づけるべき知識なのかを，批判的に捉えることができるようになる。

なお，重要概念は，各教科の特性に応じて推奨される4つのものが，各教科の指導の手引きの中で提示されている。「個人と社会」の場合は，「変化」「グローバルなかかわり」「体系」「時間・場所・空間」の4つである。ただし，必ずしもこの4つで探究のテーマを考えなければならないわけではなく，その他の「重要概念」を利用することも可能である。特に，教科横断的な学習をする際にはそうなることが多い。

次に，グローバルな文脈について，『MYP：原則から実践へ』では次のように示している。

> MYPにおける指導と学習は，文脈における概念の理解を伴います。すべての学習は文脈に基づいています。…（中略）…文脈は，学習者自身や学習者の関心，アイデンティティー，将来と関連していなければなりません。文脈に基づいていない学習は浅くなりがちで長くは続かないものです。
> (国際バカロレア機構 2018a：22)
>
> グローバルな文脈の中での学習によって，生徒は概念を自分の生活と直接的に結びつけ，知識を行動に移すことができます (Westera 2009)。こうした文脈に基づいた学習は，教師と生徒に対し，「なぜこれを学んでいるのか？」という問いかけへの答えをくれます。
> (国際バカロレア機構 2018a：23)

例えば，先ほどの経済における競争と管理のバランスの変化ということを，どのように生徒に学ばせるのか，ということがグローバルな文脈になってくる。もしも，経済における競争と管理のバランスを現在に至る歴史的な変化で探究させようと思えば「空間的時間的位置づけ」という文脈になり，現在の経済における競争と管理のバランスは本当に良いものなのかどうかについて探究させようと思えば「公平性と発展」という文脈になる。このように，グローバルな文脈は，概念をより生徒の身近な生活の状況に落とし込むとともに，探究の方向性を示すものとなる。

これら重要概念とグローバルな文脈とともに，教科特有の内容や，見方・考え方を含んだ関連概念を含めて，探究テーマを考えることになる。関連概念についても，『MYP：原則から実践へ』で教科ごとの概念が提示されている。

○実践事例―「地理A」の地図に関して学習したユニット

ここでは，東京学芸大学附属国際中等教育学校の4年生で学習した，「地理A」の地図に関して学習したユニット（単元）について紹介する。地図についての学習は，現行の学習指導要領において，「(1) 現代世界の特色と諸課題の地理的考察」「ア 地球儀や地図からとらえる現代世界」で学習するようになっている。

また，DPの『「地理」指導の手引き』には，MYPの「個人と社会」で学んでおくことや，「知の理論」と「地理」の分野に関係する質問課題の事例がいくつか出されている（『「地理」指導の手引き』pp.6-7参照）。そこの質問事例の中に，「地図は，どの程度事実を反映してい

るでしょうか。」というものがあり，これと日本の学習指導要領との接点でユニットを考えた。話はそれるが，DPの指導の手引きなどは，MYPのユニットプランナーを作成する際の一つの参考になるのではないだろうか。

　ところで，筆者は生徒に，「これまで日ごろから地図というのは，あくまでも何かを伝えたい人が地図というツールを使って示そうとして作ったものが，資料集や街中で目にする地図だよ」ということを教えてきた。MYPの授業では，それを生徒に探究してもらいたかったので，そこを探究テーマにした。その際に重要概念として考えたのが「コミュニケーション」である。「コミュニケーション」は本来，「個人と社会」の中では推奨されている概念ではない。しかし，地図の性格上，作成者と閲覧者との間での情報交換と考えると，コミュニケーションの一つの形であるといえる。これは，芸術作品も同じことが言えるのではないだろうか。そこで，概念的理解は「人々は空間認識を表現するツールの一つとして地図を利用する」となった。

　地図には世界地図のようなものから，公共交通機関の路線図，または観光マップなどさまざまな規模のものがある。また地図は，古代のバビロニアの地図や中世のTOマップ，近代のメルカトル図法，そして現代のGISを用いた地図など，各時代の背景となっている思想や文化，科学技術の発達などと結びつけて作られている。これらに関しても考慮して探究してほしいので，関連概念は「因果関係」「文化」「規模」を使うことにした。

　グローバルな文脈は，現在の地図や歴史的に有名な地図，さまざまな規模の違う地図のいずれも，本当に同じコミュニケーションツールなのだろうか，現実社会をどれだけ表現するものだろうか，ということを探究させたかったので「空間的時間的位置づけ」とした。

　概念的理解に関連概念，グローバルな文脈を踏まえて，最終的にユニットでの探究テーマを，「地図は空間認識を表現するコミュニケーションツールの一つである」と設定した。それが，次の図2-3のユニットプランナーである。

　具体的なユニットの展開は以下の通りである。

　1時間目は，最初に「みんなが知っているコミュニケーションツールにはどのようなものがあるか？」「それはどのような役割を果たすものなのか？」「そもそもコミュニケーションとは何なのか？」という発問をし，コミュニケーションについて考えさせた。そこから，「絵画はコミュニケーションツールなのか？」「2つの絵画（ドゥッチョの「荘厳の聖母」とボッティチェリの「受胎告知」）はそれぞれ何を伝えようとしているのか？」「なぜこれらはこのように異なった絵になっているのか？」と発問し，絵画はある時代の文脈を持った作者が何かを伝えようとして作成したものであり，見る者はその文脈を理解することで絵の見え方が変わってくるということに気づいてもらえるようにした。

　2時間目は「地図はコミュニケーションツールか？」ということを考えさせたあと，本ユニットの授業の流れと総括的な評価課題について説明をし，このテーマを探究するにはどのようなことがわかればよいかを考えさせた。その後，次の時間以降で発表してもらう

教師名	藤澤誉文	教科および学習分野		地理A		
単元名	自然地理　地球と地図	ＭＹＰの年次	ISS4	単元の時間		8-9

▪探究：単元の目的を決定する

「重要概念」	「関連概念」	グローバルな文脈
コミュニケーション	因果関係、文化、規模	空間的時間的位置づけ

探究テーマ

人々は空間認識を表現するツールの一つとして地図を利用する。（概念理解）

地図は空間認識を表現するコミュニケーションツールの一つである。

探究の問い		
事実に基づく問い	―	人類は地図で何を表現しようとしてきたのか。
		現代のいろいろな地図が伝えたいものは何か。
概念的な問い	―	地図とは何か。
議論の余地がある問い	―	どの程度地図は世界を正確に表しているのか。

図2-3　単元「地球と地図」のユニットプランナー

ことの担当割をした。

　3時間目は，バビロニアの粘土板地図，プトレマイオスの世界図，TOマップ，イドリーシーの地図，メルカトルの地図といった歴史的に有名な世界図や，国土地理院の地形図について，各グループにそれぞれの地図の専門家になってもらい，それらの地図についての発表資料作成および，質問の時間とした。歴史的に有名な世界図については，それらの地図がどのような時代背景で作られたのか，どのようなことを伝えようとしているのか，場所を指し示すツールとしての限界はどこなのかについての発表資料を作成した。国土地理院の地形図については，地形図を作り始めた機関やその当時の地図とはどのようなものだったのか，それはどの程度正確な地図なのかについての発表資料を作成した。

　4，5時間目で，歴史的な世界図や国土地理院の地形図についての発表を行い，地図とはいったい何なのか，どれだけ場所を正確に表すものなのか等について考えた。

　6時間目は，4，5時間目に考えた視点をもとに，メルカトル図法や正距方位図法，モルワイデ図法等，生徒が地図帳で目にする地図について，それらがどのように作成され，なぜそのような使い方をしているのか，どれだけ場所を正確に表すものなのかについて検討した。

　7時間目は，日ごろ生徒が街角で見かける路線図や地域観光ガイドについてもどのようなものがあるかを思い出させ，そこには何が正しく描かれ，何を示そうとしているのかについて発表しあった。最後に，Google Mapは同じような地図なのだろうかということについて考えた。

　8時間目は，総括的な評価課題である，学校の校内地図の作成時間に充てた。コミュニケーションツールとしての地図の意味が理解できているかどうかを評価する課題である。何を伝えたいかを明確にした地図とその解説書を併せて各自が作成した。

72

（3）より柔軟な発想で

　MYPの授業を行って感じることは，探究テーマが生徒にしっかり伝わると，授業の展開も明確になり生徒の学習もより深まっていく，ということである。重要概念とグローバルな文脈は探究テーマを設定する際の重要なカギであり，それによって学習内容も決定されていく。教師は教科書を順番に教えるという観念にとらわれがちであるが，そこから解放されて，より教科書を横断的に学習するイメージをもてると，より自由に重要概念とグローバルな文脈の組み合わせができ，教師が本当に探究させたいことがユニットにできるのだと感じている。

〔藤澤　誉文〕

【引用・参考文献】

国際バカロレア機構（2014）『DP：原則から実践へ』〔2009年4月に発行の英文原本 *The Diploma Programme: From principles into practice* の日本語版〕（2014年6月発行）

国際バカロレア機構（2015a）『DP「知の理論（TOK）」指導の手引き（2015年第1回試験）』〔2013年4月に発行の英語原本 *Theory of knowledge guide* の日本語版〕（2014年6月発行，2015年2月改訂）

国際バカロレア機構（2015b）『「創造性・活動・奉仕」（CAS）指導の手引き（2017年卒業予定者から適用）』〔2015年3月に発行の英文原本 *Creativity, activity, service guide* の日本語版〕（2015年8月発行）

国際バカロレア機構（2016）『DP「歴史」指導の手引き（2017年第1回試験）』〔2015年1月に発行の英文原本 *History guide* の日本語版〕（2015年8月発行，2016年3月改訂）

国際バカロレア機構（2017a）『DP「歴史」上級レベル・標準レベル　試験見本　試験問題1，2，3　2017年第1回試験』

国際バカロレア機構（2017b）『DP「課題研究（EE）」指導の手引き（2018年第1回試験）』〔2015年1月に発行英文原本 *Extended essay guide* の日本語版〕（2017年1月発行）

国際バカロレア機構（2017c）『「地理」指導の手引き（2019年第1回試験）』〔2017年2月に発行の英文原本 *Geography guide* の日本語版〕（2017年8月発行）

国際バカロレア機構（2018a）『MYP：原則から実践へ（2014年9月／2015年1月から適用）』〔2014年5月発行，2017年9月改訂の英文原本 *MYP: From principles into practice* の日本語版〕（2016年1月発行，2018年4月改定）

国際バカロレア機構（2018b）『MYP「個人と社会」指導の手引き（2014年9月／2015年1月から適用）』〔2014年5月発行，2014年9月改訂の英文原本 *Individuals and societies guide* の日本語版〕（2016年7月発行，2018年4月改定）

中央教育審議会（2016）「幼稚園，小学校，中学校，高等学校及び特別支援学校の学習指導要領の改善及び必要な方策等について（答申）」

文部科学省（2017）「中学校学習指導要領（平成29年告示）」

第3章　日本国内におけるIB教育の課題

3.1　一条校における国際バカロレア（IB）導入の課題

3.1.1　一条校におけるIBの拡大

　近年，日本国内でIBの教育が注目されている背景には，序章でもみたように，急激なグローバル化や高度情報化社会に対する危機感と，国内の教育改革の動きがある。

　文部科学省は，「国際バカロレアの趣旨のカリキュラムは，思考力・判断力・表現力等の育成をはじめ学習指導要領が目指す『生きる力』の育成や，日本再生戦略（平成24年7月31日閣議決定）が掲げる課題発見・解決能力や論理的思考力，コミュニケーション能力等重要能力・スキルの確実な修得に資する」[1] として，具体的な推進策を開始した。特にDPの科目の一部を日本語でも実施可能とするデュアルランゲージ・ディプロマ（「日本語DP」）の開発[2] は，学校教育法第1条で規定されている学校（以下「一条校」）のIB導入を現実的に促すこととなった。2019年7月現在，国際バカロレア認定校で一条校は37校であり，DP実施校45校のうち日本語DP実施校は20校である[3]。

　渋谷真樹（2015）は，IBを先進的に導入した一条校の管理職らの聞き取り調査から，各校が「個々の教育理念の実現や『生き残り』をかけて，グローバルスタンダードとされるIBを導入している」ことを報告している。公立学校においても，IB校あるいはIBコースの設置が進んでおり，各校で特性を打ち出している。例えば東京都教育委員会は2015年に英語によるDPを実施するコースを設置し，札幌市教育委員会は2015年に課題探究的な学習モデルの研究事業からMYPとDPをもつ市立札幌開成中等教育学校を開設した。広島県教育委員会は，2019年に全寮制の県立中高一貫教育校「広島グローバルアカデミー（広島

---

1) 文部科学省HP「国際バカロレアの趣旨を踏まえた教育の推進」
　http://www.mext.go.jp/a_menu/shotou/kyoiku_kenkyu/index.htm（2019年5月22日最終閲覧）より。
2) 文部科学省は，バカロレア機構と連携して2013年度より開発に着手した。
3) 文部科学省IB推進コンソーシアムHP「認定校・候補校」
　https://ibconsortium.mext.go.jp/ib-japan/authorization/（2019年7月20日最終閲覧）より。

叡智学園)」を開校している。このようにIBは，「グローバル時代の新しい教育のモデル」という認知をもって急激に一条校に普及しつつある。

　しかしながら，一条校でIBを普及させるには，大きな費用負担や人的措置，学級規模，教師養成・研修，既存の学校のシステムや文化との融合，卒業後の進路との接続などのさまざまな課題がある。本節では，DPの教育課程を中心に，IBの一条校における普及と実施に関する課題について考えていきたい。

3.1.2　教育課程の違いに起因する課題

　学習指導要領とIBの教育課程の相違は，IB教育の一条校での普及を長く阻んできた要因の一つであった。現在では，各IB校は文部科学省の指示のもと[4]，IBの教科・科目を学習指導要領の教科・科目と読み替え，DP科目を学校設定科目にするなど教育課程に工夫をしてIBのカリキュラムを実践している。MYPでは，学習指導要領に基づく教科の枠組みを大きく変えることなく，指導方法や内容の工夫により，教科間連携や実際の社会とのつながりを意識した学習を実施することが比較的容易である。しかしDPでは，学習指導要領の必履修単位を満たしながら，3つのコア科目と6科目の内容を修了し，世界共通の統一試験に備えなければならない。DPのみ設置する高等学校の場合は，1年次に必履修科目の多くを履修しながら，IBの学習に必要な基礎的な知識やスキルを獲得するため，過密スケジュールにならざるを得ない。

　こうした一条校のDPの現状に対応すべく文部科学省は，以下の特例措置を講じていた。①文部科学省告示（第127号）に列挙された必履修科目及び総合的な学習の時間について，関連するIBDP科目の履修をもって代えることができる，②卒業に必要な単位数に算入できる上限を20単位から36単位に拡大する，③国語以外の教科等については，英語による指導を行うことができる（文部科学省 2015：3）。それでもなお，学習指導要領の必履修科目要件を満たしながら，DPに規定される学習時間（各HL科目240時間，SL科目150時間）の確保は難しく，生徒や教員に多くの負担を強いている。2019年現在改正が進められつつあるが，単位の読み替えや必履修科目の最低習得単位数などについて，運用のさらなる弾力化が望まれる。

　また，学校とDPの授業暦が一致しないことに起因する課題もある。DPは高校2年から開始し，最終試験を5月あるいは11月に受ける。日本の一条校は基本的に4月始業であるため，DPカリキュラムを約1年と7か月で完了させて11月の最終試験に臨む。この間に多くの日本の学校特有の行事や夏季休業もあり，試験の対策や予想得点の処理などを考慮す

---

4) 文部科学省HP「1条校が国際バカロレア認定校になるに当たっての留意事項」
　http://www.mext.go.jp/a_menu/kokusai/ib/1308003.htm（2018.8.31最終閲覧）より。

れば，さらに厳しいスケジュールになる。そのため，DP生徒の学校行事参加の調整や特別授業の設定による授業数確保等の対策を余儀なくされる場合があり，高校1年生の1月からDPを開始する学校もある。

　この授業暦の不一致は，IB生徒の高大接続の在り方にも課題を投げかける。これまで別章で述べられてきたように，DPの教育内容や評価は一般的な日本の学校と大きく異なり，国内大学の一般入試の内容や形式と対応していない部分も多い。したがって，IB生徒が日本の大学を受験する場合は，IB資格を活用した入試を含め，推薦入試やAO等が有力な選択肢となる。しかし，11月の最終試験は，こうした入試や出願の準備時期と重なることが多く，推薦等の入試制度の利用を希望する生徒にとっては，物理的，心理的にも大きな負担となっている。

3.1.3　学校内の制度や文化に関わる課題

　教育課程の相違は，学校内の制度や文化，構成員の関係にも影響を及ぼす可能性がある。上で述べたように，PYPあるいはMYPは学習指導要領の枠組みを大きく変えることなく全校での実施が可能である。しかし，DPの教育内容と評価は学習指導要領や国内大学の一般入試のものとは大きく異なり，DPのカリキュラムは挑戦的でもあるため，DPを選択するかどうかは進路選択のストラテジーとともに慎重になされる。多くの一条校では高校2年生進級時に一般コースとDPコースに分けられるが，DPを選択する生徒は基本的に小人数である。したがって，ひとつの学校の中に，2つの教育課程とそれに伴うさまざまなシステムが併存することになる。そして，一般のコースとDPコースの生徒がどの程度授業や課外活動で協働するのか，教員は両方の課程を担当するのか，学校施設の設置や使用をどのようにするのか，などの対応は学校によって異なっている。

　こうした状況について，渋谷（2016）は，「ひとつの学校の中に教育内容や指導体制が異なるグループがあり，かつ，相互の交流が限定されている場合，グループ間に誤解や対立が生じ得る」ことの可能性を指摘している。海外やインターナショナルスクールにおいては，IBはAレベル（イギリスの大学進学のための2年間のプログラム）など，国や州のカリキュラムの選択肢の一つとみなされるが，日本国内では「グローバル」や「英語」を含め，「IBの卓越性」につながる言説を纏って扱われる傾向がある。そのことに意識的になる必要がある。渡邉雅子（2014）は，海外の事例から，IBの公教育のへの導入が，「アクセスと平等」から「レリバンスと二極化」という教育の潮流を促進する危惧を指摘している。これまで教育の中心的な議論は教育アクセスへの平等性の実現であったが，グローバル化の中でいかに経済競争に勝ち残るかという課題のもとでは，「教育と将来の実生活とのレリバンス」が重視され，国際標準の教育を受けて複数の国を移動する者と従来の教育を受けて国内に留まる者との二極化を促す，という問題を孕んでいるという。

こうした制度的，構造的問題は，生徒の日常的な学校生活にも深く影響を与える。すでに述べたように，一条校のDP生徒は，教育課程の違いから課外活動などの参加を制限されるケースも聞く。一般的に日本の学校では，協働の価値や連帯感が醸成するしかけが，日常的な教育活動にも多く埋め込まれている。したがって，課外活動の参加や協働のあり方，一般コースの教員や生徒との日常的な関わり方は，生徒間の関係性や帰属意識，居場所感という繊細な問題につながるため，制度上，指導上にも十分に配慮する必要がある。

DPコース担当教員も課題を抱える。筆者が2018年に言語A担当教員を対象に実施した調査[5]では，指導上の困難として「校務分掌や，普通コースの受験指導と並行してIBDPをしているので，授業の組み立てや，しっかりとした研究が追い付いていない」などの指摘が複数の教員からあった。DPの授業は基本的に少人数であり，一条校では一般コースとDPコースの両方を担当する教員が少なくない。海外のIB校では，DPと国あるいは州の教育との共通点が多い場合もあり，そこでは教員が両方のコースを担当したり，交代したりすることにそれほど大きな問題がない（例えば，筆者が調査したオーストラリアの公立高校）。しかし，日本の一条校では，一般コースとDPコースのカリキュラムや指導方法，評価方法に大きな差がある。そのことは，教員の人事や教員相互での課題共有の困難さ，両コースを担当する教員の負担につながる。また，一条校独自の校内分掌やクラス担任，部活などの多くの校務が整理・軽減されないままDPを導入することは，担当教員の負担の増加だけでなく，学校全体の円滑な運営に関わる問題である。

日本の一条校におけるIB導入の目的には，教育の質の向上がある。一般のコースとDPの併設によって，日本の教育実践とIBの教育が相互に補完し合い，新たな教育の創造が期待できる。しかし，異なるシステムの共存に対しては，学校全体で丁寧な対応をしなければ，生徒や教員間に軋轢を生むおそれにもなる。また，受験指導や校務分掌など日本の学校の制度をそのまま維持しながらDPを導入することには課題が多く，校内全体の人事体制や担当教員の授業や校務負担への配慮が必要である。

3.2 学習支援に関する課題—学校図書館の役割—[6]

3.2.1 IB教育で重視される学校図書館

本節では，IB教育で重要な役割をもつ学校図書館に焦点を当て，校内の学習システムに

---

5) 髙松美紀「国際バカロレア ディプロマ・プログラム　言語A（日本文学）教師の専門性」日本教師教育学会 第28回大会（2018年9月30日）発表資料より
6) 本節は全国学校図書館協議会『学校図書館』2019年6月号掲載「国際バカロレアにおける図書館」に加筆・修正を加えたものである。また，本節で用いた海外校調査の一部は科学研究費助成18H00081および2018年度笹川科学助成による。

おける「グローバルスタンダード」への対応について考えてみる。

　学校図書館の役割について，IB校認定のための「プログラムの規準と実践要項」には，「図書館，マルチメディア，およびリソースが，プログラムの実施において中心的役割を果たすこと」が条件として明記されている（国際バカロレア機構 2014：4）。また，「Ideal libraries: A guide for schools」(International Baccalaureate Organization 2018) には，「学校図書館は，人々と場，コレクションとサービスとが結びついたものであり，学習と指導を助け，発展させるもの」と定義づけられ，図書館・ライブラリアンは「学びのコミュニティにおいて，共に働き，活性化させ，支援する」「相互に結びついたシステム」(International Baccalaureate Organization 2018：20，訳出高松）であると明示されている。つまり，IBにおいて学校図書館は教室等の「学びの場」から切り離された施設ではなく，より有機的に結びついた学びのシステムの一部であり，ライブラリアン[7]は学校全体の学びを活性化し，コーディネートする役割にある。ATLにおいても，ライブラリアンはその専門性をもって，中心的な役割を果たすことが指摘されている (International Baccalaureate Organization 2013：37-38)。

3.2.2　IB校の図書館の特徴

　IBは学校図書館の望ましい機能や役割について明確に述べているが，世界140か国以上[8]の教育システムや各IB校の事情に応じるために，学校図書館の施設や蔵書数，ライブラリアンの資格等については明確な規定を設けていない。「プログラムの基準と実践要項」の「DPの要件」にも，「図書館またはマルチメディアセンターはDPの実施を支援するのに必要な，量的に十分で，かつ内容的に適切な資料を備えていること」(p.27) と記されているのみである。

写真1　Canberra Grammar School PYP図書館

　そこで本項では，IB校の学校図書館について，筆者が訪問した欧州と豪州，中国のIB校10校[9]の図書館の情報をもとに，特徴を挙げたい。

---

7) IB校における「ライブラリアン」は，日本でいう「学校司書」や「司書教諭」等を指す。しかし，後に述べるように，国や学校によって「司書」や「学校司書」，「司書教諭」の養成課程や役割，呼称が異なるため，ここでは誤解を避けるためにすべて「ライブラリアン」のまま表記する。

8) 2018年4月1日現在，世界140以上の国・地域，5,119校において実施。文部科学省IB推進コンソーシアムHP「IBとは」https://ibconsortium.mext.go.jp/about-ib/（2019年6月18日最終閲覧）より。

9) International School of Amsterdam, The American School of The Hague, Oakham School, Marymount International School, ACS Egham, Carey Baptist Grammar School, Kambala School, Narrabundah College, Canberra Grammar School, Western Academy of Beijing を参考とした。

まず，施設については，学校規模によって異なるが，一般的には書架や閲覧スペース，パソコン使用スペース（写真1）に加え，議論や指導ができる学習室やコーナーがある。プレゼンテーションや集会が可能な多目的スペースや，録音ができる個別ブースをもつ学校図書館もある。幼稚部や初等部では，五感を刺激するように資料や教材が提示され，探究学習を体験的に学ぶ機会が工夫されている。学校図書館は，静かに自習する場所であるよりは，探究的に学び，議論し，寛ぐ場となっており，無論，静かに読書し，学習する空間も保証されている（写真2，3）。

　蔵書数も学校ごとに差はあるが，探究学習を実現するために十分な量と内容が必要であり，常に新しい情報と生徒の興味に応じなければならない。e-bookもかなり普及しており，インターネットからの閲覧が容易で，多様な学習の仕方をサポートする。また，IBの理念に鑑み，発達段階に応じて，多文化理解やグローバルな問題への関心と理解を促すリソースの充実が必要である。絵本や小説においても，地域や文化に偏りがなく，多様な文化や価値観に触れるように選書がされる。多言語への意識はIBにおいて重要な要素であり，在校生徒の母語で書かれた本のコレクションは必須である。

　また，アカデミックなリソースだけではなく，生徒が楽しんで読む小説，漫画，グラフィックノベル等も置く。IBの授業では漫画を含めたさまざまなテクストが分析対象であり，教材として扱うことが推奨されている。多様なメディアリソースの提供が求められ，視覚

写真2　Western Academy of Beijing
　　　　PYP図書館

写真3　同校MYP図書館

写真4　Western Academy of Beijing
　　　　Middle School の図書館のHP
　　　　（オンラインデータベース）

写真5　Western Academy of Beijing
　　　　DP図書館のICコードを利用
　　　　したデータベースの案内。

教材の充実も必須であるが，著作権の関係からDVD等の扱いには留意する必要がある。

　探究的で自律的な学習を実現するためには，インターネットからアクセスできるデータベースやコンテンツを含めた，充実したリソースとICT環境が不可欠である。IBでは日常的にICTを利用し，探究学習にはICTの活用スキルとインフォメーションリテラシーが不可欠である。DPでは，QuestiaやProquest，Britanica等の学術論文を閲覧するデータベース（すべて英語のデータベース）やオンラインリソースが学習に必須である。筆者が訪問したIB校の多くでは，学校図書館のサイトから蔵書検索や必要なデータベースに容易にアクセスできるようになっており（写真4），館内の閲覧コーナーにはQRコードから関連情報を提供できるように工夫している学校もあった（写真5）。また，アカデミック・インテグリティ（Academic Integrity：学問的誠実性）のスキルとして不可欠な，APAやシカゴスタイル等のサイテーションスタイル（出典記載の形式）を自動で管理・変換するソフトも日常的に利用しており，生徒は効率よくリソースを整理し，論文やレポートの作成に生かしていた。ただし日本の公立学校では，一般的にセキュリティの関係からインターネットの利用には制限があり，こうしたオンラインリソースを十分に活用することが難しい場合がある。

3.2.3　ライブラリアンの役割

　ライブラリアンは，その役職や仕事内容，養成のシステムが各国で異なっており，IB機構では具体的な規定はしていない。IB校の多くでは，学校規模に従って，カリキュラム作成や探究学習の指導に直接的に関わる「司書教諭」と，図書を管理する「司書」にあたるライブラリアンが常駐しており，各国や各学校の基準に基づいた専門の資格を有している。このほかに，蔵書管理業務等の補助職員や学校図書館のプラットフォームやウェブデザインをする技術担当職員を別に置くところも多い。

　「司書教諭」に相当するライブラリアンは，学校全体のカリキュラム開発，特に探究学習で重要な役割を果たす。PYPやMYPでは，プロジェクト学習におけるリサーチスキルの指導やアカデミック・インテグリティの授業を直接受けもつことも多く（写真6，7），DPで

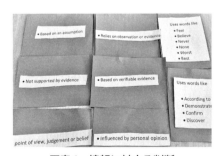 

写真6　情報に対する判断　　　　　　　写真7　児童の振り返り
（ともにCanberra Grammar School PYP用図書館のライブラリアンのリサーチスキルの授業の教材）

は，課題論文（Extended Essay，以下「EE」）をサポートする。EEの内容の指導に当たるのは教科担当のスーパーバイザーのみであるため，ライブラリアンは直接指導することはない。しかし，その専門性からEEコーディネーターを兼任していることも多く，学習全体のスケジュール管理や生徒とスーパーバイザー双方のサポート，大学で通用するリサーチスキルとアカデミック・インテグリティの育成に当たっている。

　ライブラリアンの役割について，「Ideal libraries: A guide for schools」には，5つプラス1の型[10]と学習や探究を活性化する6つプラス1のサービス[11]が示されている。そこで強調されているのは，ライブラリアンが，リソースの管理や図書館の環境の整備，読書指導に加えて，インフォメーション・リテラシーとリサーチスキルの専門家として，高度情報化社会に対応する学校でより中心的な役割を担うことである。PYP，MYP，DPと，発達段階に応じたリサーチスキルとクリティカル・シンキングスキルを求めるIB教育では，生徒だけでなく教員にとっても，充実したリソースとそれを利用するスキルを育成する専門家が不可欠なのである。

3.2.4　日本における学校図書館の課題

　日本において，学校図書館が学習センター・情報センターの役割を担うといわれてから久しい。文部科学省は，司書教諭が「情報教育推進の一翼を担うメディア専門職としての役割を果たしていく」こと（文部科学省 1998），学校図書館が，児童生徒の「読書センター」および「学習・情報センター」として「学校の情報化の中枢的機能を担っていく」こと（文部科学省 2008）を明示している。しかし実際は，国内の専任の学校司書配置は全国平均で6割前後である（文部科学省 2016）。学校図書館が，本の貸し出し管理や自習室としての機能のみに留まるところも多い。一方で，IB教育を支える図書館は，探究学習や概念学習の学びの核となり，リソースの充実と同時に児童生徒や教職員，学外の関係機関をつなぎ，リサーチスキルやインフォメーション・リテラシー等のスキルを育成する役割をもつ。このような図書館の機能は専門職としてのライブラリアンによって保障されうるものであり，一般の教員が授業や雑務の片手間で行えるものではない。

　また，憂慮されるのは，データベースの利用に関わる図書館機能の脆弱さである。筆者が訪問した欧州・豪州のIB校の図書館では，いずれもライブラリアンがインターネットの

---

10) ライブラリアンの5つの型として，「teacher librarian」（司書教諭），「school or district librarian」（学校あるいは地区の司書），「media specialist」（メディアスペシャリスト），「designer librarian」（ウェブサイトやオンライン学習のデザイナーに関わる司書），「student life librarian」（生徒対応や指導に関わる司書）があり，そして近年は6つめに「the super librarian」（スーパーライブラリアン）も出現したことを指摘している。
11) 6つの役割は，1. Curating（情報を集めて管理する），2. Caretaking（コンテンツと人々の世話をする），3. Catalyzing（媒介する），4. Connecting（つなげる），5. Co-creating（校内外と共に創る），6. Challenging（挑戦する）が示されている。+1として示す，Catering（ユーザーに出向く）ことは推奨されていない。

プラットフォーム上で，学校の図書カタログや学習に必要なデータベースやリソースを活用しやすいようにデザインし，それがまさに学習の「心臓」となっていた。生徒は，学校図書館のサイトの画面から，校内の蔵書や，公共図書館・大学図書館の蔵書を横断検索できることはもちろんのこと，各教科の教員とライブラリアンが準備した，学術論文や視覚的資料や映像を含めた多様なコンテンツに瞬時にアクセスできる。これが学習の効率やモチベーションに果たす役割は大きい。

　一方で，日本においては，特に多くの公立学校で，セキュリティ等の問題から自校の図書館のデータベースシステムに自由にアクセスできないという状況がある。生徒の家庭内コンピューターやスマートフォンの使用状況等を鑑みると，生徒の情報・メディア生活と学校が提供する学習環境の間に大きなずれが生じている。豪州では学術論文データベースに，市民が自由にアクセスできるという例もあり，行政単位で情報化時代の学びについての対応が必要だと考える。また，英語における学術論文の引用のシステム，デジタル化と検索システムに比べて，日本は学術論文のデジタル化自体が立ち後れている。

　このシステムの充実度は，生徒のアカデミック・インテグリティの育成にも関係する。欧米では，一般に中等教育前期までにサイテーション（出典記載）のスキルを学ぶ。一方，日本の学校教育ではこうしたアカデミック・インテグリティに対する計画的な教育はまだ十分にはなされていない。「調べ学習」として，本やインターネットの資料を，適切な引用なしに「まとめ」たものは「剽窃」に過ぎない。すでに述べたように，海外ではネット上のサイテーションのツールもすでに広く利用されており，基礎的な知識を得たうえで，こうしたサービスを日常的に利用することで，生徒のアカデミック・インテグリティの意識とスキルは高まる。そして，迅速で正確なサイテーションの処理が，学習成果物にどれだけ利益をもたらすかは言うまでもない。

　もちろんすべてのIB校が充実したICT環境を整えているわけではなく，学校図書館の利用のあり方やライブラリアンと教科担当教員との連携等については，課題が報告されている（Tilke 2011）。しかし，IB教育が提示する学校図書館のあり方は，21世紀型の学習の方向を具体的に示していると考える。

　日本において，グローバル化・高度情報化社会の教育モデルとして，IB教育を位置づけるのならば，学校図書館の機能のあり方や学びのシステムを今一度学校全体で捉え直し，検討することは喫緊の課題である。そのためには，教職員の意識の改革とともに，インフォメーション・リテラシーや，リサーチスキルを専門的に指導するライブラリアンの専任配置と育成が不可欠である。

3.3　IB導入が示す日本の教育の課題と可能性

　本章では，一条校を中心とした日本国内における IB 導入の課題について，教育課程の違いに関する問題と学校図書館のあり方に焦点を当ててみてきた。IBの理念や教育方法は，新しい学習指導要領との親和性をもち（85ページ Topic参照），グローバル人材育成や教育改革の有効なモデルと認識されている。しかしそれは，単に10の「IBの学習者像」をスローガンのように捉えることや，アクティブラーニングのモデルと見なして授業手法のみを表面的に取り入れることではないのであろう。以下にこれまでの検討をふまえて，IB導入によって示される日本の教育の課題と可能性について三点述べる。

　第一に，IB導入が教員個人だけではなく，学校全体の取り組みや教育制度自体の問い直しや変革を求めることである。このことは，IBの学習評価の特徴と重要性を考えるとよくわかる。特にDPでは，最終評価が大学の入学資格と進路に直結することが，一般のカリキュラムと大きく異なる。すなわち，IBでは学習の目的と学習内容，評価と進路が一貫しており，教育理念と進路の実現を可能にする。また，クリティカル・シンキングや概念的理解等の学習スキルの獲得は特定の教室内で完結するのではなく，教科横断的，学年横断的にホリスティックに構築される。ここに「IB教育の要素」のみ取り出して応用することの難しさがある。つまり，IB導入は教員個々の授業改善として達成されるものではなく，学校全体や日本の教育制度自体の変革を要求するものだといえる。

　第二に，一条校におけるIB導入，特にDPの実施が校内に2つの制度と文化を並立させることの難しさである。IB校の認定は，学校全体がIBの理念に基づく教育を行うことが前提であるが，実際には簡単なことではない。教育課程だけでなく構成員の関係に影響を与え，さらには教師文化や学校文化・制度にも変革を迫るものだからである。しかし，IBの教育の観点が，学習活動だけでなく特別活動や教師教育の特徴を明確化し，改善する可能性も指摘されている（例えば渋谷 2014）。異なる性質をもち，要素化の難しいIBの導入は困難を伴い，学校にその扱いが任されるが，日本の教育の特徴や課題を再認識する機会にもなる。IB導入の過程のあらゆる側面で生じる矛盾や齟齬，統合や相互補完の試みの中にこそ，教育改革や学校改革の現実的な端緒が見えてくる可能性があるのではないか。

　第三に，IB教育の検討がグローバルな視点から日本の教育を相対化することである。例えばIBはグローバル社会での競争に勝ち抜く汎用的学力だけではなく，多文化を尊重し，平和な世界を築く人材を育成するためのinternational-mindedness（国際的な視野）を基盤としてカリキュラムや指導に組み入れている。それを検討することで現在日本で用いられるナショナルな「グローバル人材育成」の言説や学びを相対化する可能性がある（高松 2019）。本章で示した学校図書館は，グローバルスタンダードとしてのIBの理想である学習支援，さらにいえば学習システムの在り方を示すことを試みた。探究学習を核に据える

IBでは，学校図書館とライブラリアンが単なるリソース管理やレファレンスサービスの機関ではなく，学びのシステムの中心として重要な役割をもち，情報化社会に対応した効果的な学びを実現している。それは日本の学校図書館の現状とは大きく異なり，21世型の教育の方向を具体的に示すと同時に，日本の状況を相対化してその進捗度や課題を映し出している。

　以上のように，IBの導入は日本の教育改革の方向性との親和性と差異とをもって，具体的なモデルを示すと同時に日本の教育を相対化し，捉え直すことを可能にする。ただし，IBと日本の教育は二項対立で語られるものではなく，まして優劣ではない。今後日本の各学校がその文脈の中でどのようにIBを導入し，統合や発展を果たすのか，日本の教育の特徴と蓄積の優れた点をどのように生かしていくのか，その創出が重要であると考えられる。

〔高松　美紀〕

【引用・参考文献】

国際バカロレア機構 (2014)『プログラムの基準と実践要綱』〔2014年1月に発行の英文原本 *Programme standards and practices* の日本語版〕

渋谷真樹 (2014)「教科外活動におけるグローバル能力の育成―国際バカロレア・ディプロマ・プログラムの『創造・活動・奉仕』に着目して―」奈良教育大学教育実践開発研究センター『教育実践開発研究センター研究紀要』(23), 31-39.

渋谷真樹 (2015)「一条校による国際バカロレア導入の意図と背景：学校管理職の語りから」日本国際理解教育学会『国際理解教育』(21), 3-12.

渋谷真樹 (2016)「国際バカロレアにみるグローバル化と高大接続―日本の教育へのインパクトに着目して―」『教育学研究』第83巻第4号, 423-435.

高松美紀 (2019)「国際バカロレアの検討による『グローバル人材育成』への示唆」日本国際理解教育学会『国際理解教育』(25), 69-76.

文部科学省 (2015)「官報」第6599号 (平成27年8月19日水曜日)

文部科学省 (1998)「情報化の進展に対応した教育環境の実現に向けて」

文部科学省 (2008)「これからの学校図書館の活用の在り方等について (審議経過報告) 平成20年9月　子どもの読書サポーターズ会議」

文部科学省 (2016)「平成28年度『学校図書館の現状に関する調査』の結果について」

渡邉雅子 (2014)「国際バカロレアにみるグローバル時代の教育内容と社会化」日本教育学会『教育学研究』81 (2), 176-186.

International Baccalaureate Organization (2018). *Ideal libraries: A guide for schools*.

International Baccalaureate Organization (2013). *Approaches to teaching and learning in the Diploma Programme*.

Tilke, Anthony (2011). *The International Baccalaureate Diploma Program and the School Library: Inquiry-Based Education*. California, USA. ABC-CLIO, LLC.

新学習指導要領との比較に見るIBの学習スキル

本コラムでは，2017・18（平成29・30）年に告示された学習指導要領（以下，「新学習指用要領」）とIBの教育を比較し，その共通性とIBから得られる示唆について考えたい。

IBのカリキュラムは，新学習指導要領で育成をめざす「思考力・判断力・表現力」「生きる力」の習得に資すると注目されている（本書p.70参照）。新学習指導要領では，学力を「何を学ぶか」だけでなく，「何ができるようになるか」（育成を目指す資質・能力），「どのように学ぶか」（主体的・対話的で深い学び）の総体として概念設定している（中央教育審議会 2016）。このような学力の捉え方や指導の方向性は，学習スキルの獲得と「学び方を学ぶ」ことを重視し，学習者中心で対話的，探究的なIBの学びと共通している。

また，新学習指導要領では「社会に開かれた教育課程」という理念が重視されている。IBでは，教科間の連携とともに，現実社会や自己との関連が求められる。PYPやMYPでは，教科を超えた概念と探究を中心としたカリキュラム編成で，学習と実社会との関連を重視する。DPの各教科やTOKでも現実社会や事象間の関連性を学ぶ点においても共通性がある。

以下，学力について「何ができるようになるか」，「どのように学ぶか」に焦点を当て，IBの学習スキルとの関連を見てみよう。

①「何ができるようになるか」
―獲得する学習スキルと評価の明確化

「何ができるようになるか」は，「獲得する学習スキル」であるが，「どのような力が身に付いたか」（評価）と一体である。中央教育審議会答申では，「指導と評価の一体化を図る中で，論述やレポートの作成，発表，グループでの話合い，作品の制作等といった多様な活動に取り組ませるパフォーマンス評価などを取り入れ，

ペーパーテストの結果にとどまらない，多面的・多角的な評価を行っていくことが必要」とし，「ルーブリック」や「ポートフォリオ評価」などの積極的な実践を求めている（中央教育審議会2016，補足資料）。

こうした多面的・多角的な評価は，IBではカリキュラムと評価規準によって明確に求められ，日常的に実践される。評価規準は学習の始めに提示され，学習者は学習中と終了時に何がどの程度できるようになったのかを振り返る。この学習スキルのメタ認知が「自立して学ぶ力」を育む。DPでは世界共通の厳密な評価基準が設定されているが，論述を中心に，プレゼンテーションやレポート，ポートフォリオなど，学習のパフォーマンスは多様な方法で評価される。

新学習指導要領によって，観点別評価や多様な評価方法が進むことが予想されるが，実施には教師間の内容の調整や評価の公平性，教師の業務負担，受験対応等の現実的な課題が想定される。一方でIBでは，学習スキルの獲得や評価方法は，カリキュラムで規定され，教師間で多様な学習方法や評価方法を取り入れる学習文化が共有されている。さらに，内部評価を含む評価結果は直接に大学の入学資格のスコアとなる。つまり，授業で提示された学習スキルと評価方法，その扱いが一貫している。このことは，学習スキルや評価の明確化，多角的な評価の実施には，教師個人だけでなく，学校単位での取り組みが必要であり，さらに上級学校の入学試験と学びへの接続を含めた教育制度の再検討にも関係する課題であることを示している。

②「どのように学ぶか」―主体的・対話的な学び

「どのように学ぶか」は，「アクティブ・ラーニング」への注目度が示すように，今回の学習指導要領の改訂での大きな改革点として期待されている。具体的にはこれまでの教師の一方向

的な知識教授型の反省から，「主体的で対話的，深い学び」が掲げられ，プレゼンテーションやディスカッションなどの学習活動が推奨されている（中央教育審議会 2016）。

　IBの公式文書には「アクティブ・ラーニング」という言葉は見あたらない。しかし，IBは徹底して学習者主体であり，ATLで示される学習スキルを多様な学習形態を用いて効果的に育成することが期されるため，学習は必然的にアクティブ・ラーニングになる。授業では，学習者同士，学習者と教師が相互作用の中で学びを構築し，個々の異なるものの見方や思考の深め方を尊重する。特に協働的な学習やディスカッションは，他者と問題を解決するスキルの発達を促し，深い思考を発展させる。

　こうした学習者主体の学習における教師の役割は「ファシリテーター」である。用意した知識や答えを一方的に与えるのではなく，学習者が学び合う中で思考を伸ばし，ソーシャルスキルを獲得することを促す（Swartz and McGuinness 2014）。このことは，教師が何もしないということではない。学ぶべき知識や技能を判断して確実に押さえ，学習者の関心に沿って学習を展開し，学習を認識させ，発展させるためには，教師の豊かな「知識の引き出し」と授業のデザインやマネジメントの技術，個々の学習者の把握と授業での柔軟な対応力が必要である。例えば，学習活動では，教師が情報を与える場面，学習者が探究する場面，協働する場面などの組み立て方を意識する。学習スキルの育成にどのような学習活動や形態が効果的か，思考をどのように可視化し，他と共有するのかを考える。評価では，フィードバックのタイミングや方法を工夫し，学習者が効果的にスキルの習得を振り返り，自己肯定感を高め，次の学習の意欲や目標につながるように配慮する。

　また，ファシリテーションにおいては，「問い」も思考や探究を深めるうえで非常に重要である。なぜそういえるのか，なぜそう考えるのか，を問い，論理的根拠を考え，自分の知識を客観的に振り返る。議論を通して他者の意見を吟味し，多様なものの見方を身につける。問いは，事実を確認するだけではなく，学習者のハイヤーオーダー・シンキング・スキル（高次の思考）を鍛えるような問いでなければならない。そこでは，概念的な捉え方や，「オープンエンド」[1]の問いが有効である。また，学習者自身に問いを立てさせ，その問いを吟味させることも，探究的な学習のスキルを発達させるために有効である。

　このような授業の工夫は，これまでにも各教科研究等で実践報告がなされてきた。しかし，一般的には，授業の組み立てや発問が，内容中心で教師主導すぎた傾向があるのではないか。IBの徹底した学習者主体の学習活動や，ファシリテーションのあり方と評価システムは，新学習指導要領で示される学び方に具体的な例を提示しうると考える。

③「どのように学ぶか」─探究的な学習

　探究的な学習は，新学習指導要領で最も重視される要素の一つである。高等学校学習指導要領では，具体的に「探究」の名を関した科目が新設され[2]，「総合的な学習の時間」は「総合的な探究の時間」と名称が変更された。小・中学校では名称の変更こそないが，探究的な学習を「問題解決的な活動が発展的に繰り返されていく一連の学習活動である」と定義し，協同的な学習，体験活動が明示されている。

　IBにおいて「探究」は，すべての学習プログラムの中心に据えられている。PYPの手引きには，「探究」の広義の定義として「児童の理解が現時点でのレベルから，新しい，より深いレベルへと移行するプロセスで，児童または教師

1）「オープンエンド」の問いとは，予め明確な解答が用意されているのではなく，答えが決まっていない，あるいはいくつもの答えの可能性がある問いである。学習者の意欲や学習内容を次の学習に発展させるものである。「クローズエンド」の問いを否定するものではなく，組み合わせ方が重要である。

2）地理歴史科に「日本史探究」「世界史探究」「地理探究」，国語科に「古典探究」，理数科（「理数探究基礎」「理数探究」）が新設される。

によって主導されるもの」と示されている。また，探究の学習について，「まず児童は，重要な課題を調べるよう勧められます。そして調べるために，自分で疑問を出したり，自分の探究を設定したり，またその探究を裏づけるためのさまざまな方法を評価したり，課題に対する自分の回答を得るための調査・実験・観察・分析を進めていきます。出発点は，児童の現時点での理解です。そして，ゴールはその理解と，新しい内容を探究することで得た新情報や経験を結びつけることによって，活発に意味を構築することです」（国際バカロレア機構 2016a：34）と説明し，学習活動を挙げている（表1）。

IBにおける探究学習は構成主義的なアプローチを採り，自分の知識や体験とを結び付けて，自ら世界の意味を構築していくものである。PYPの説明からは，児童が疑問をもって探究課題を設定して解決を導く方法を吟味し，主体的に学習を発展させていく，そのために概念的な理解を用いる，という学習スタイルが明確である。この探究学習の方向性は，MYPやDPの授業でも基本的に同じである。

PYPは，カリキュラム自体が探究を中心に構成され，「探究プログラム」（POI：Programme Of Inquiry）は学校全体で開発する。6つの教科の枠をこえたテーマがあり，学年ごとに教科横断的な「探究の単元」（UOI：Unit Of Inqui-ry）に取り組む。PYPの最終学年では，この集大成として，統一したテーマに基づいた「エクシビション」（学内発表会）が設定される。MYPでも，各教科に加えて教科横断的な探究学習が求められ，「パーソナルプロジェクト」が設定されている。生徒は自力での題材選定，プロセスの記録，最終作品，レポートが求められる。DPでは，「課題論文」（Extended Essay，以下EE）がディプロマ取得の要件として課される。生徒は，指導教官の下で，自分でリサーチクエスチョンを立てて自律的な探究学習を行い，論理的で学術的な形式を満たした論文が成果として求められる。

こうしたプロジェクト型の学習や課題研究自体は，日本でこれまでも実践されてきた。しかし，探究活動を通してどのような学習スキルがどの程度身についたのかは，十分に検討・検証されてこなかったのではないか。このことは，高等学校学習指導要領解説の「どのような資質・能力を育成するのか」学校差があること，「探究のプロセスの中でも『整理・分析』，『まとめ・表現』に対する取組が十分ではない」という指摘（文部科学省 2018：6）とも合致する。

探究的な学習のモデルとして学習指導要領で示されてきたのは，①課題の設定，②情報の収集，③整理・分析，④まとめ・表現，のスパイラルである。これ自体を否定するものではないが，学習者がどのようにリサーチクエスチョンを設定して方法を吟味し，リサーチスキルを身につけるのか，思考の関連や振り返りをどのようにするのか等については具体的に示されていない。ともすれば，学習者はリソースを「調べ」「まとめる」学習で終わってしまう危惧がある。

クールソーは，"伝統的なリサーチ課題と探究ベースのリサーチの違い"（表2）を示したが，「テーマや問いが予め与えられている」「事実を知ることを重視」という指摘は，これまでの探究学習を問い直す参考となる。教師が準備したり，結論が明白な事実を学習者が調べてまとめるのではなく，学習者が問いを作り，深く学ぶ過程が重要である。

表1　探究の学習活動

・探索したり，疑問に思ったり，質問したりすること
・実験したり，可能性を探ったりすること
・これまでの学習と現在の学習を関連づけること
・予測を立てて，何が起こるか確かめるために目的をもって行動すること
・データ収集を行い，結果を報告すること
・従来のアイデアを精査し，できごとの認識を再検討すること
・ある概念を適用して理解を深めること
・仮説を定義し，検証すること
・調査し，情報を収集すること
・一定の立場を取り，弁護すること
・多様な方法で問題解決すること

出所）国際バカロレア機構（2016a：35）より

表2　伝統的なリサーチと探究ベースのリサーチ

伝統的なリサーチの課題	探究ベースのリサーチ
課題（テーマ）が与えられる	カリキュラムに埋め込まれた生徒独自のリサーチ
既存の型によるアプローチ	プロセス重視
予め設定された問い	生徒が設定した問いを重視
レポート形式	深く学ぶことを重視
事実を知ることを重視	新たな知識を創造，共有

＊探究ベースのリサーチは，CCSS（Common Core State Standards：アメリカ合衆国の各州共通基礎スタンダード）による。
出所）Kuhlthau（2013：7）より作成（訳出：高松）

　一方，IBではより具体的な学びが示されている。例えば，MYPのプロジェクトのモデルでは“リサーチスキル，自己管理スキル，コミュニケーションスキルと社会的スキル，思考スキル”など獲得するスキルが示され（国際バカロレア機構2016b：11），振り返りを重視することが特徴的である。

　DPのEEにおいても，リサーチと振り返りはより重視される傾向にある。「課題論文（EE）の手引き」の（2017年改訂）「ねらい」には，「知的な独立研究に厳正かつ主体的に取り組む」「リサーチスキル，思考スキル，自己管理スキル，コミュニケーションスキルを養う」「研究と執筆のプロセスを通して何を学んだかを振り返る」が示され，評価規準にはリサーチクエスチョンの的確さや研究方法の妥当性，二次資料の批判的な吟味，取り組みの振り返りや評価等が示されている。アカデミック・インテグリティについては第3章を参照されたい。

　学習指導要領の改訂に伴い，今後課題研究の指導が充実することが予想される。近年は，図書館での資料の探し方，論文の構成や，参考文献の書き方についても指導がされるようになってきた。しかし，リサーチクエスチョンの妥当性や，資料の批判的分析などの指導は未だ十分ではない。IBの指導システムや評価規準が参考になろう。

　新学習指導要領の学力の捉え方は，スキルの獲得，学習者中心，対話的，教科間のつながりの重視などの点において，IBとの親和性が指摘

できる。IBからの示唆が教育実践改革を促し，同様に日本の実践研究がIBの実践の充実につながる可能性がある。個人だけではなく学校単位での改革，制度改革も併せて，より相互に教育実践を発展させていくことが期待される。

［高松　美紀］

【引用文献】
中央教育審議会（2016）「幼稚園，小学校，中学校，高等学校及び特別支援学校の 学習指導要領等の改善及び必要な方策等について（答申）（平成28年12月21日）」文部科学省.
文部科学省（2018）『高等学校学習指導要領（平成30年告示）解説 総合的な探究の時間編』
Kuhlthau, C.C. (2013) Inquiry Inspires Original Research, *School Library Monthly*, Vol. 30(2), 5-8.
Swartz, R. and McGuinness, C. (2014) Research summary Developing and assessing thinking skills Extracted from a research report prepared for the IB, International Baccalaureate.
国際バカロレア機構（2016a）『PYPのつくり方：初等教育のための国際教育カリキュラムの枠組み』
国際バカロレア機構（2016b）『プロジェクトガイド』
国際バカロレア機構（2017）『課題論文（EE）：指導の手引き』

第2部

IB教師をめざす君たちへ

―日本におけるIB教師養成論―

第2部では，各章ごとにそれぞれの「教科」の視点からIB教育の特徴を論じ，IB教育で求められている教師力について考察する。教師を志し日本の教員免許状取得をめざして勉強中の学部学生諸君が，IB教育にも関心を広げ，自身の専門性をさらに深めていくきっかけとなれば……という思いも込めた。

第4章　DP「言語A」を学ぶために

4.1　はじめに——DP「言語A」——

　テクストは人生や世の中のあらゆることの意味を読者に問い直させる。答は一つではない。さまざまに探究することを通して，読者は自分と作品をとりまく時代や社会を学んでいく。時間や空間を越え，グローバルな視野を育んでいく。テクストはフィクション，文学だけではない。ノンフィクションや歌，報道，広告もテクストである。テクストは本だけではない。映画，新聞，SNS，あらゆるメディアがテクストである。

　このように読むことの意義を見出し，楽しめることが，DP「言語A」を指導するうえで，必要である。なぜなら，DP「言語A」では，指定されたリストの中から，指導者が教材を選び，2年間の指導計画を立てるからである。ここにこの教科の醍醐味がある。

　本章では，「言語A」プログラムの概要を，国際バカロレ教育機構（IBO）が2019年に改訂した『「言語A：文学」指導の手引き　2021年第一回試験』と『「言語A：言語と文学」指導の手引き　2021年第一回試験』に基づき，解説する。その中から，物語を読むことの意義と学ぶことの楽しさを見出してほしい。

4.2　DP「言語A」の指導のねらい

　母語は学習者の文化的アイデンティティーを形成するうえで，重要な役割を果たす。それゆえ，IBプログラムでは，母語教育を大切にしている。初等教育（PYP）では全教科を母語教育で行う。言語は国語科に相当する「言語」科で指導する。MYPから，言語教育は，母語を学ぶ「言語A」と，第二外国語を学ぶ「言語B」の2コースに分かれる。「言語A」の科目はMYPでは「言語と文学」科の一つだけだが，DPからは「文学」「言語と文学」「文学とパフォーマンス」の3科目に分かれる。ただし，文部科学省は，演劇教育を中心とした「文学とパフォーマンス」の国内IB校への導入を見送っている。

　DP「言語A：文学」では，文学の特性や文学の中の言語やテクストの美的機能，文学と

世界の関係性について，テクスト評論のさまざまなアプローチを通じて学んでいく。DP「言語A：言語と文学」は，文学と非文学テクストを用い，テクストの形式やコミュニケーション上の役割を研究し，言語そのものの特性やアイデンティティーや文化と言語の影響関係について学びを深めていく。非文学テクストとは，書籍の文学作品以外のメディア・テクストを指す。ただし，2019年の改訂では，2つの教科のシラバスや最終課題などプログラムの内容は融合され，同じ内容になっている。

DP「言語A」の指導のねらいは3科目とも次のように設定されている。

1. さまざまな媒体や形式，異なる時代，スタイル（文体），文化からの多様なテクストに触れる。
2. 話す，読む，書く，見る，発表する，およびパフォーマンスのスキルを伸ばす。
3. 解釈や分析，評価のスキルを伸ばす。
4. テクストのフォーマルで美的な性質への感性を磨き，またそれらがどう多様な応答や複数の意味をもたらすのかを鑑賞できるようになる。
5. テクストと多様なものの見方，文化的文脈，地域とグローバルな問題との関わりについて理解を深め，またそれらがどう多様な応答や複数の意味をもたらすのかを鑑賞できるようになる。
6. 「言語と文学」と他の教科の関係性への理解を深める。
7. 自信をもち，創造的な方法でコミュニケーションをとり，協働する。
8. 言語と文学に対して，生涯にわたって関心と喜びをもつように促す。

今回の改訂で特徴があるのは，項目2，5，6である。

項目2のコミュニケーションスキルについては，改訂前は口述，記述だけが示されていたが，改訂版では「見る・発表する」の視覚スキルが明記された。この「発表する」とは「presenting」の訳で「見せる」という意味にあたる。つまり，映像作品の制作や演劇的表現も言語活動の一つとして明確に位置づけられたのである。

また，項目5の「テクストと多様なものの見方，文化的文脈，地域とグローバルな問題」との関わりや，項目6で「他の教科の関係性」が新たに加えられた。教科横断的に，現代社会の状況と関連付けることによって，文学と言語の学びがより一層意義深いものとなることが意図されている。

4.3 DP「言語A」シラバスの内容

4.3.1 主軸となる3つの探究領域

（1）読者，作者，テクスト

　この探究領域では，文学や言語の本質を探究する。テクストを精読し，作者の思考や感情，意図を効果的に表すテクストの表現技法や，文字・映像・音声によって生成される意味の分析，テクストの特徴や文学形式の要素，修辞的技法，美的本質について考察する。

　学習者は自身の経験に基づき，独自の観点でテクストを解釈するが，他者と議論し，交流することを通して，集団的な解釈へと再構築し，考察を深めていくことをめざす。

〈概念的な問いの例〉

・私たちが文学を学ぶのはなぜか，またどのように学ぶのか。
・私たちは，さまざまな文学テクストからどのような影響を受けているか。
・言葉の使い方は文学形式によってどのように異なるか。
・文学テクストの構成やスタイルは，どのように意味に影響するか。

（2）時間と空間

　テクストを構成する言語は社会的に構成されたものである。ゆえに，テクストは作者や読者が属するコミュニティや文化の影響を全く受けない真空状態で存在することはあり得ない。テクストは「社会を映し出す鏡」に喩えることもできる。テクストの解釈には，作者や読者といった「人間的な要素」だけでなく，その背景にある時間や空間という「人間以外の要素」も強い影響力をもっているのである。

　このようにテクストの背景にあるものを「コンテクスト（context）」という。「コン（con-）」という接頭語は「共に」「結びつく」を意味する。つまり，テクストには，個人の経験，社会，政治，文化，歴史，時代など，さまざまな要素が結びついているのである。「コンテクスト」は「文脈」と翻訳されることが多いが，文章のつながりや脈絡という意味ではない。

　この領域では，テクストが作者やオーディエンスが生きていた時代や場所からどのような影響を受けているのかを分析する。

〈概念的な問いの例〉

・作者と共通の世界観をもたないことは，テクストの理解を妨げることになりうるか。
・文学テクストは他の文化についての理解をどの程度もたらすものなのか。
・文学テクストの意味や影響は，時間の経過によってどのように変化するか。
・言語がどのように社会的特性やアイデンティティーを表しているか。
・一つの言語から別の言語に翻訳される際に失われるものは何か。

・「詩人，劇作家，小説家（「文学」の場合）」「歴史家，漫画家，日記作家（「言語と文学」の場合）」などを比較した場合，時間と空間に対するアプローチはどのように異なるか。

(3) テクスト間相互関連性：テクストをつなげる

この領域では，複数のテクストを設定し，類似点や相違点を比較分析し，テクスト間の関連性について理解し，批評の仕方を習得することをめざしている。比較にあたっては，トピック，テーマ，文学形式，伝達様式（モード），テクストの送り手と受け手，テクストの特性などに焦点をあてていく。複数のテクストを関連づけて分析することにより，さまざまな視点から批判的に分析し，テクストの解釈を深めて行くことが期待されている。

ゆえに，2つ以上のテクストを次のような観点で選んでいくとよい。

・同一のテクストタイプまたは文学形式をもつ作品群。

　　例：フィクション，ノンフィクション，詩，広告，戯曲，短編など。

・同一のテクストの内容のジャンルや伝達様式をもつ作品群。

　　例：小説，喜劇，エッセイ，悲歌，政治演説，新聞，風刺，パロディーなど。

・テクストの主題として扱われている同一のトピックをもつ作品群

　　例：権力，ヒロイズム，ジェンダー，名声，社会規範，価値観，英雄

・同一の概念を扱う作品群

　　例：表現，アイデンティティー，文化など

テクスト間の比較分析にあたっては，文学の価値や批判的な観点についての理論的な考察や，フェミニズムや批判的言説に関する理論的な観点に基づく議論に取り組ませていく。

〈概念的な問いの例〉

・そのテクストは文学やテクストの伝統的な形式に則っているのか，いないのか。

・多様な文学テクストは，どのように共通の類似点をもつことができるか。

・テクストは，どのようにして一つの問題，トピック，テーマについて複数の観点をもたせることができるのか。

・文学テクストと非文学テクストの境界線は何か。

4.3.2　言語スキル

「言語A」では次の3つの言語スキルの発達をめざす。

①受容スキル：「聞く・読む・見る」といった言語活動スキルである。テクストの情報や内容を受容し，詳細に分析し，解釈や評価を行う。

②産出スキル：「話す・書く・発表する」といった言語活動スキルである。生徒は，さまざまな題材に関する考えや意見を表明するために，創作や発表に取り組む。

③やりとりのスキル：「話す・聞く」といった口頭によるやりとりでは，話し合いの目的や流れを意識した発言の仕方や，場に応じた話し方などのスキルが求められる。また，SNSなどのネット上のプラットフォームでの記述によるやりとりも含む。

4.3.3　概念的理解

　IBプログラムにおける「概念」とは，知識と知識，教科毎の学びをつなぎ合わせ，学習の本質を掘り下げる働きをするものを指す。この働きをWiggins and McTighe（2005＝2012：78）は，「概念的なセロハンテープ」と呼んでいる。つまり，「概念」は既有の知識を結びつけ，新たな状況で転用できるようにする思考の枠組みなのである。
　初等科プログラム（PYP）では，重要概念として「特徴・機能・原因・変化・関連・視点・責任・振り返り」の8項目を設定している。中等プログラム（MYP）では，全教科の内容をつなぐ重要概念として「美的感性・変化・コミュニケーション・共同体・つながり・創造性・文化・発展・形式・グローバルな相互作用・アイデンティティー・論理・ものの見方・関係性・システム・時間，場所，空間」の16項目を設定している。さらにMYPでは，各教科の専門性に対応した関連概念が12項目，設定されている。MYP「言語と文学」の関連概念は「受け手側の受容・登場人物・文脈・ジャンル・テクスト間の関連性・視点・目的・自己表現・設定・構成・スタイル（文体）・テーマ」である。
　DP「言語A」では，MYPの重要概念の中から7項目を取り出し，関連概念のようにテクストを分析する観点として，次のように定義している。

①アイデンティティー
　テクストの語り手，視点，登場人物には作家のアイデンティティーが反映されていると考え，テクストにおけるアイデンティティーの表象を読み解く。また，読者の解釈には，読者自身のアイデンティティーが反映していると考え，分析する。
　　関連キーワード：agency, voice, character, narrator, reader, author

②文化
　テクストが創作され受容される背景や，テクストの中に表れる価値観，信念，態度は文化と密接な関りをもつ。テクストの表記のルールも文化的産物といえる。テクストの解釈を進めるうえで，文化という概念に照らし，コンテクストとの関わりを考察する。
　　関連キーワード：values, beliefs, stereotypes, attitudes, power, place, time.

③創造性
　創造性は新しい独自のアイデアを生み出す過程に働きかける。それは，執筆だけではなく，読解においても重要である。テクストの解釈を創造的かつ想像的に膨らませることによって，確立された解釈からさらにより深い解釈を生み出すこともできる。

関連キーワード：imagination, assembly, engagement, originality, pastiche, collage

④コミュニケーション

コミュニケーションは，メッセージや事実，アイデア，シンボルなどのやりとりや伝達を意味する。「読む・書く・話す・聞く・見る・発表する」言語活動によって成立する。テクストを介した作家と読者の間にもコミュニケーションは成立する。作家が想定した読者にむけて選んだ文体のスタイルや作品の構成についてや，読者がテクストの意味を読み解くために求められる知識や見解，力量などについて分析する。

関連キーワード：cooperation, transfer, reading, writing, speaking, listening, viewing, performing

⑤観点

テクストには作者の見解も含め，複数の観点が提示されている。読者も自身の観点をもってテクストを読む。テクストの解釈にはどの観点からなされたものなのか，クリティカルに分析する必要がある。また，創作と読解が行われる時間と場所を考慮に入れ，観点に影響を与えるコンテクストについても考察する。

関連キーワード：idea, point of view, interpretations, suppositions, bias

⑥変換

テクスト間のつながりに焦点を当て分析する際に活用する概念である。映画と小説の比較では，映像と活字の特性をふまえ，どのように物語の要素が変換されたのかを考察する。また，読むという行為はテクストを読者自身の解釈に読み替えていく変換の行為といえる。また，テクストは読者の行動や現実を変換させるものでもある。

関連キーワード：transformation, connections, change, borrowing, building, performance

⑦表現

文学と現実の関わり方についてはさまざまな見解がある。文学は現実を正確に表すべきといった主張（accuracy）や，芸術は現実から切り離されたものであるべきだという主張（detachment）もある。テクストの中で，何が映し出されているのか，何が屈折して表象されているのかを分析する。

キイワード：representation, reflection, refraction, accuracy, detachment

4.4 「言語Ａ」で扱う教材テクスト

「文学」で扱うテクストのジャンルはフィクション（小説・物語・漫画），ノンフィクション（随筆・評論），戯曲（能・狂言・歌舞伎・落語など），詩歌（和歌・短歌・俳句・川柳・詩・歌詞）の4つを扱う。教材は「指定作品リスト（PRL：Prescribed reading list）」から選ぶこと

とする。今回の改訂で、ミュージシャンによる歌詞や漫画などテクストのジャンルが広がった。

「言語と文学」では文学テクストと非文学テクストの両方を扱う。非文学テクストとは、文学の書籍以外の多様なメディア・テクストを指す。映画、テレビ、ラジオ放送、電子テクスト、ブログ、広告、ガイドブック、パンフレット、写真、パスティーシュ（模倣作）、日記、スピーチ、選挙公約、インタビューなどである。

選書にあたっては次のような条件がある。

  ・文学は指定作品リスト（PRL：prescribed reading list）にある作家の作品を選ぶ。
  ・一人の作家につき1作品とする。
  ・それぞれひとつの探究領域に最低2つの文学作品を設定する。
  ・ジャンルと作品が制作された時代や場所、大陸が重ならないようにする。

2年間のシラバスでは、最低条件として次の冊数を満たすことが定められている。

表4-1 「文学」「言語と文学」で学習する作品数

学習する作品	「文学」		「言語と文学」	
	SL	HL	SL	HL
PRLにある作家の翻訳作品	最低3作品	最低4作品	最低1作品	最低2作品
PRLにある作家で学習言語で原作が書かれている作品	最低4作品	最低5作品	最低1作品	最低2作品
自由選択	2作品	4作品	2作品	2作品
学習する作品の合計	9作品	13作品	4作品	6作品

4.5 最終課題

最終課題には、IBで採点を行う外部評価と、校内の教師が行った評価をIBに送る内部評価の二種類がある。本項では文科系を専攻する上級レベル（HL）の課題を紹介する。

4.5.1 外部評価

①試験問題1：設問付き課題文分析　　　　制限時間：2時間15分　評価40点

ジャンルや形式の異なる2つの課題文と、それぞれに一問ずつ「考察の問い」が出題される。課題文は、「文学」では小説や戯曲からの抜粋や詩など、「言語と文学」では社説、新聞広告、ブログ記事などのジャンルから出題される。「考察の問い」は、課題文の技法や形式、言語表現などについての考察を促すものが出される。

②試験問題2：比較小論文　　　　　　　　制限時間：1時間45分　評価：30点

　4つの問いが提示され，受験者はその中の一つを選び，既習のテクストから2つを選び，比較小論文を書く。時間軸の扱い方とその効果，読者を引き付ける文章の表現技術や文体の効果，作品と時代背景との関りなど，概念的な問いが出される。受験生は学習した作品を持ち込むことは禁じられている。そこで，試験の時に内容や議論の焦点を思い出せるように，日頃からポートフォリオに要点や引用部分をまとめておくことが推奨されている。

③HL小論文　　　　　　　　　　　　　　　　　　　　　　　　　　評価：20点

　既習テクストの中から一つを選び，小論文（字数：2400〜3000字）を書く。取り上げる作品は自由で，授業で扱ったものでもよいが，試験問題2で扱ったもの以外とする。トピックは7つの概念に結びつけ，広く文学的，言語的観点から作品を探究する。学術論文としての正式なフォーマットに従うことが求められる。この課題は上級レベル（HL）を選択した生徒に課される。

4.5.2　内部評価

①個人口述　　　　　　　　　　　　　　　制限時間：15分　評価：40点

　生徒はあらかじめ，授業で取り組んだ作品の中から2つを選び，スピーチ内容を用意する。「文学」では母語で書かれた作品一つと翻訳作品から一つ，「言語と文学」では非文学テクストから一つと文学作品の抜粋を一つ，組み合わせることが決められている。内容はグローバルな問題と作品を関連づけて述べることを条件としている。グローバルな問題とは，広範な規模で重要性をもち，国境を越えて存在する問題であり，地域の日々の生活に影響を及ぼす問題である。「文化・アイデンティティー・コミュニティー」「信念・価値観・教育」「政治・権力・正義」「芸術・創造力・想像力」「科学・テクノロジー・環境」の5つが指定されている。生徒は10分間の発表の後，教師からの質問を5分間，受ける。質問では，2つの作品の中で，グローバルな問題が表現されている内容と形式に関する分析が問われる。

4.6　評価目標

①知識，理解，解釈

　テクストについての知識と理解を示し，テクストで示唆されている意味について説得力のある解釈を示している点を評価する。設問の課題に対して，学習した知識を用いて適切に論じているかを見る。

②分析と評価

　作者が選択した形式や文体，技法などのテクストの意味の生成に与える効果について的

確な評価や，設問の課題に対して，学習者独自の観点洞察力と説得力のある分析を行っているかを評価する。

③コミュニケーション

課題への焦点の当て方や，テクストからの引用のバランスが的確であるかを評価する。考えを発展する過程が明確で論理的で説得力がある方法で表現しているかを見る。文法・語彙・文の構造のレベルや言葉遣いの効果的な活用のレベルを評価する。最終課題では評価規準「焦点と構成」と「言語」の項目で評価する。

4.7 まとめ

MYPに概念理解が導入されたのは2014年版からである。そのMYPの特色を引き継ぐ形で，DP「言語A」では，今回，ドラスティックな改訂が行われた。「指導のアプローチ（Approaches to teaching：ATT）」，「学習の方法（Approaches to learning：ATLスキル）」の導入もその一つである。DPのコア科目であるTOKやCAS，EEと教科内容との関連が強調されたことも，教科横断的に授業を構想するMYPの特色の反映であろう。DPプログラムを理解するために，MYPも理解しておくことが必要である。IBプログラムは改訂の度に教師に学び直すことを要求してくる。

そして，IBプログラムには教科書はない。教師にはテクストを選ぶセンスが問われてくる。教師も日頃からたくさんの文学作品に親しみ，ニュース報道やサブカルチャーなど，さまざまな分野に好奇心のアンテナを張っていかなくてはならない。

IBの教師には，生徒とともに「生涯学習者（Lifelong learner）」として，学び続けることに喜びを見出せる資質が求められる。　　　　　　　　　　　　　　　　　　　［中村 純子］

【引用・参考文献】

Wiggins, G and McTighe, J. (2005) *UNDERSTANDING by DESIGN (Expanded second edition)*, USA.ASCD Publications.（西岡加名恵訳（2012）『理解をもたらすカリキュラム設計─「逆向き設計」の理論と方法』日本標準）

国際バカロレア機構（2019）『「言語A：文学」指導の手引き　2021年第一回試験』

国際バカロレア機構（2019）『「言語A：言語と文学」指導の手引き　2021年第一回試験』

中村純子・関康平　編著（2019）『「探究」と「概念」で学びが変わる！中学校国語科　国際バカロレアの授業作り』明治図書

第5章　科学的な認識の深化を促しながら汎用的な概念の形成へと導く教師力とは

5.1　はじめに

　理科は，近代科学という認識論によって自然の事物・現象を取り扱う教科である。この教科で学ぶ科学の本質，すなわち理科の見方・考え方は，自然にとどまらず社会的なさまざまな事象に対しても有効に機能する。本章では，国際バカロレア（以後，IB）における科学教育を，日本の学校教育のそれと比較しながら，IBサイエンスの教師が意識すべき教師力について考えてみたい。

　理科はある意味，日本に特有の教育原理を背景として成長してきた教科である。言葉がもつニュアンスによる誤解を避けるため，本文中では，「理科」「IBサイエンス」「科学」という言葉を以下のように使い分ける。「理科」は，日本の学校教育における科学教育を指す言葉として使用する。IBにおける科学教育は「IBサイエンス」と表記する。理科およびIBサイエンスの背景にある学問（親学問）は「科学」と表記する。

5.2　IB教育における教科の学習

　まず，教科とはなんであろうか。教育学では，人類が長い時間をかけて累々と築いてきた学問や科学，芸術などの文化遺産を継承し，さらに発展させていけるように仕向けるための教育課題のことを教科と呼ぶ。したがって学校教育における教科学習の目的とは，子どもたちが日常生活で出会う事物・現象に対して，その表面的な特徴に惑わされることなく本質に目を向けながら，合理的で論理的な洞察を可能にするための知識の構造や認識および表現の方法を身につけるとともに，それらを自由に活用できるようにすること，なのである。この考え方は万国でほぼ共通である。

　この目標に対して科学教育では一般に，実体験から科学的な考え方を身につけさせることをめざす「問題解決学習」と，科学的な法則を体系的に理解させることをめざす「系統学習」の大きく2つの指導スタイルがとられる。どの国の学校教育でも両者を織り交ぜな

がら学習が進められるわけだが，限られた時間でこの両者を成立させることはなかなかに困難である。日本でも長年にわたって試行錯誤が続いている。

　現在の日本の科学教育（つまり理科）は系統学習を軸としている。日本では学習指導要領によって各教科で教える知識の体系が定められている。もともと戦後間もない1947年の学習指導要領（試案）では，子どもたちの興味関心に沿った問題解決型の理科学習が行われた。この生活との関連性は戦後一貫して現在でも強調されている。しかしその中身は，指導要領の改訂が行われるたびに，生活と関連する内容が削除される方向に進み，また，近代科学の急速な発展もあって，純粋な科学的内容を厳選し，それを系統的に学習させるという現在の体系に至っている。2008年の改訂から初等理科で用いられるようになった「実感を伴った理解」と称する学習スキルは，表面的には問題解決学習に類似するが，学習指導要領上では，系統学習を成立させるために子どもたちの実情に応じて補完する目的で導入されているものである。

　一方，IBにおける科学教育（つまりIBサイエンス）では問題解決学習を基盤としている。科学分野における問題解決型学習といえば，「自然に対する観察・体験から仮説を導き，実験によって検証していくような弁証法的なアプローチによる学習活動」を思い浮かべるかもしれない。もちろん間違いではない。しかしこの点でIBサイエンスが極めて特徴的なのは，科学教育でありながらその対象を自然の事物・現象にとどめない，さらに広範囲な文脈（グローバルな文脈）を学習体系の骨格に据えている点にある。この「文脈」とは，学習を促す特定の環境や出来事を指し，学習者自身や学習者の関心，アイデンティティー，将来と関連している一連の状況をいう。つまりIBサイエンスでは，先ほどの「自然に対する観察・体験」を含みながら，さらに広く教科横断的な領域を学習の動機づけとして利用しているのである。これはIB教育が，教科横断的な領域において他者との協働によって意味を構築するための資質能力の育成を理念としていることに起因する。この理念の実現のためにIBの教科教育では，概念理解に重点が置かれている。「概念」とは，普遍的な原則や考え方であり，その重要性は，特定の起源，主題，国や文化の境界を超越するものである。この概念の理解を文脈の中で進めていくことで，知識の構造の本質を理解する。例えばIBサイエンスでは，科学に特徴的な学習内容に特定の「概念」を言語の形で張り付ける。これを「概念学習」と呼ぶ。この言語ラベルの共通性を手掛かりにすれば，教科で学習した内容を分野の異なる新たな事象に容易に適用できる，という考え方なのである。

5.3　IBサイエンスにおける学習の仕組み

　IBサイエンスの概念学習とはどのようなものかを，中等教育プログラム（MYP）の4年次と5年次に実施される選択科目（生物）を例に見てみよう。MYPに関する詳細は，第1

部を参照されたい。

5.3.1 教科で概念を学習するための仕掛け

MYPでは全教科に共通の16の重要概念が設定されている（表5-1）。表中の網かけの3つの単語（Change, Relationship, Systems）は，特にサイエンスで効果的に学習できる概念として推奨されているものである。さらに，MYPサイエンスの生物分野に特徴的な12の関連概念が設定されている（表5-2）。これらを組み合わせ，具体的な学習内容を関連づけることで学習の枠組みを設計するのである。

表5-1　MYPで設定されている「重要概念」
（The key concepts for MYP）

Aesthetics 美しさ	Change 変化	Communication コミュニケーション	Communities コミュニティー	Connections つながり	Perspective ものの見方
Creativity 創造性	Relationship 関係性	Development 発展	Form 形式	Culture 文化	Logic 論理
Identity アイデンティティー	Systems システム	Time, Place and Space 時間，場所，空間		Global interaction グローバルな相互作用	

表5-2　MYPサイエンス（生物）で設定されている「関連概念」
（The related concepts for MYP Biology）

Balance バランス	Environment 環境	Transformation 変容	Consequences 必然的な結果	Energy エネルギー	Evidence 証拠，根拠
Form 形式	Function 機能	Interaction 相互作用	Models モデル	Movement 動き	Patterns パターン

表5-3　「グローバルな文脈」
（Global contexts）

Identities and relationships アイデンティティーと関係性	Orientation in time and space 空間的時間的位置づけ
Personal and cultural expression 個人的表現と文化的表現	Scientific and technical innovation 科学と技術の革新
Globalization and sustainability グローバル化と持続可能性	Fairness and development 公正性と発展

この枠組みにグローバルな文脈（表5-3）を関連づけることで，他者との協働へと学習の視点を導くのである。「重要概念」「関連概念」そして「グローバルな文脈」の組み合わせ方は，IBが要求する一定の条件の範囲内であれば，学校や教師の裁量に任されている（第3部を参照）。なお，表5-1〜5-3で使用した日本語表記は，IBサイエンスを理科（生物）の文脈で実践する際にその原語がもつ意図（International Baccalaureate Organization 2014）が損なわれないように注意しながら，充てた。

5.3.2　IBサイエンスが成立するための条件

　なるほどこのような構成原理であれば，汎用的な概念の学習と科学教育の関係がストレートに見通せる。しかし，実際にこの仕掛けが機能するためには，前提となる条件がある。それは，学習者が，ある概念に関連づけられた科学現象の本質を理解するだけの能力なり手立てを有していることである。これは最も本質的なことなのだが，それが無ければ，言語でラベルされた概念の真の意味理解には結びつかず，学びが「生きて働く」ものにはならない。

　この点は教育を実践するにあたり最も重要なので，もう少し掘り下げる。イメージしやすくするために，日本の中学校理科で教えられている単元を例に考えていく。表5-4には，中学校2年生の理科（生命領域）で学習する単元「動物の体のつくりと働き」を，IBが提唱する概念の枠組みで関連づけた例を示した。

表5-4　日本の中学校理科の単元「動物の体のつくりと働き」を
MYPサイエンス（生物）の枠組みで関連づけた例

重要概念	関連概念	グローバルな文脈	学習内容[1]	見方・考え方[2]
Systems システム	Interaction 相互作用	Identities and relationships アイデンティティーと関係性	（ア）生命を維持する 働き （イ）刺激と反応	エネルギーと代謝 生体統御

出所）（1）：中学校学習指導要領解説 理科編（2008），（2）：原（2017）

　日本の学習指導要領ではこの単元を，「生命を維持する働き」と「刺激と反応」という学習内容によって構成している。「生命を維持する働き」では，消化と吸収，呼吸，血液循環，排出を，「刺激と反応」では感覚器官，体が動く仕組みを学ぶ。この要素的な知識を，どのように「システム」や「相互作用」といった概念の理解にまで発展させればよいであろうか？

　日本ではこの単元を，中学校2年生の理科「生物の生活と変遷」という学習目標の下に置き，目標を同じくする他の3つの単元，「細胞と生物」「動物の仲間」「生物の変遷と進化」と関連させながら学習していく。これを学習年齢に依存した「横糸」で関係づいた状態と呼ぶことにしよう。一方でこの単元は，小学校4年生「人の体のつくりと運動」や6年生「人の体のつくりと働き」などの単元と同じく，「生物の構造と機能」という学習内容の系統に位置づけられている（文部科学省 2008a）。これを学年横断的な「縦糸」で関連づいた状態と呼ぶことにする。科学教育の本質は，日常生活では決して到達することのない事物現象に対する認識の深まりである。このような科学的な見方・考え方は，関連する知識や技術を年齢相応の認知力を考慮に入れながら系統的に学習させていくことによって，計画的かつ意図的に子どもたちの中に体系づけていくものである。日本では，このような「縦糸」

と「横糸」とで織り上げてそれぞれの単元関係を構造化することによって理科の学習内容を系統化し，小学校から高等学校までの12年間の学習の帰結として概念形成に到達させているのである。

　一方でIBサイエンスでは，「動物の体のつくりと働き」の学習そのものが「システム」と「相互作用」という概念を説明するものでなければならない。そのため，新たな個別具体的な知識の獲得を伴う場面では，その都度，その知識の背景にある科学的な見方・考え方を系統的に指導し，その知識の本質的な理解を促さなければならないのである。これは，教科内容を概念単位でまとめようとすると，内容の系統性を計画的に担保することが極めて困難になってしまう，という構造的な宿命に起因する。そのためIBサイエンスでは，犠牲となってしまう計画的な系統学習を補うべく，教師の役割に期待するのである。

5.4　IBサイエンスが教師に求める力量とは

　IBがめざす概念教育をIBサイエンスで成立させるカギは，学習者による系統的な理解を教師が「サポート」することにある。日本では，この系統的な理解を，小学校〜高等学校までの12年間をかけて達成する。つまりIBサイエンスでは，学習者の既有知識や既有経験の状況を見極めながら，意図的かつ組織的に，場合によっては短期間で効率的に，系統学習を実践する必要があるということである。これは教師にとって大変な手間と労力を要するばかりか，一歩間違うと学習者の混乱をかえって助長する結果にもなりかねないため，極めて高いレベルの専門知識と総合的な指導力が求められているということなのだ。一例をあげて，さらに掘り下げよう。

5.4.1　「先生，なぜ目は2つあるの？」

　中学生にこのような質問をされたら，皆さんならどうするだろうか？　東京学芸大学教育学部の学生諸君にアンケートを行ってみたところ，実に9割が，「立体視するため」「視野を広くとるため」「片方が無くなっても支障が無いようにするため」と返答する，と回答してくれた。認知ツールとしての言語は，教科に特徴的な見方や考え方を明示的に指導するうえで，とても重要な役割を果たす。IB教育でもこの点をとても重要視している。そこで，ここでも言葉にこだわってみたい。

　まず，「なぜ」という言葉を分析する。一般に「なぜ」という日本語には，大きく二通りの意味がある。一つは「どのような目的で……」，もう一つは「どのような過程で……」である。我々は，日常会話で「なぜ」と問われると，特にことわりが無い限り，前者で解釈することが多いのではないだろうか。アンケートへの回答からも学生たちは，この中学生

は人間に目が2つある「目的」を質問したのだ，と解釈したことがわかる。

5.4.2　生命現象は目的論では説明できない

　「自然淘汰」という自然科学の原理をご存知だろうか。ダーウィンの進化論と言った方が馴染みがあるかもしれない。「自然淘汰；natural selection（自然選択とも称される）」とは，ある生物に生じた遺伝的変異のうち，生存競争において有利に作用するものは保存され，有利でないものは除去され，選択される現象をいう。また，生物に無目的に起きる遺伝子の変異のことは，「突然変異」という。したがって「自然淘汰」は，変異の供給を説明する「突然変異」とともに，進化の要因を説明する根本的な法則，つまり原理であり，生命現象は事前に起こった現象がもたらした帰結なのであって，目的論的には説明できない，という科学的な見方・考え方を導く。

　このような「自然淘汰」という科学の本質には，MYPサイエンス（生物）の関連概念「必然的な結果；consequences」を貼り付けることが適当であろう。表5-5には，「変化；change」と「必然的な結果；consequences」を「自然淘汰」に関連づけた，MYPサイエンス（生物）の学習の枠組み例を示した。先ほども述べたように，自然淘汰は突然変異を伴って進化の要因を説明する。したがってこの概念学習の例では，遺伝子や遺伝，進化，多様性などの本質的な理解が不可欠となる。また，それら分子生物学を基盤とした，バイオテクノロジーやその技術が社会に及ぼす影響，生命倫理などもこの学習の枠組みに入れることで，グローバルな文脈「科学と技術の革新；Scientific and technical innovation」と関連づけることができる。

　ちなみに日本の学校教育では，「進化」に関する学習内容が最初に登場するのは，中学校2年生の理科「生物の変遷と進化」という単元である。ただしここでは，生物の系統という観点から進化の証拠（進化の過程論）を認識させるにとどまる。一方，進化の要因論，つまり「自然淘汰」や「突然変異」などの原理は，高等学校「生物」の「生物の進化と系統」という単元まで待たねばならない。日本では高等学校「生物」は選択科目なので，現段階では，すべての国民がこの見方・考え方に触れるわけではない。

表5-5　自然淘汰に関連づけたMYPサイエンス（生物）学習の枠組みの一例

重要概念	関連概念	グローバルな文脈	生命原理	教科内容
Change 変化	Consequences 必然的な結果	Scientific and technical innovation 科学と技術の革新	自然淘汰 突然変異	遺伝子，遺伝，多様性，生物進化，バイオテクノロジー，倫理

　話をもとに戻そう。つまり，なぜ目は2つあるのか，という質問に，○○だからだよ，というような目的論的な答えをしたのでは，IBサイエンスがめざす概念教育は成立しない

ということである。我々は，立体視するために目を2つ持っているのではなく，目が2つあるので立体視ができるのだ。

　一方で，「どのような過程で，目が2つになるのか」は科学的に説明できる。発生の初期段階の胚では，将来，目に分化できる素質をもった一群の細胞が頭部領域に形成される。その細胞群は，発生が進行に伴って新たに形成された正中線（神経管）によって左右に分断され，その必然的な結果として，目が2つになるのだ。

5.4.3　学びのタイミングを逃さないために

　先ほどの授業アンケートによると，実に9割もの学部学生が，何の違和感もなく，このような目的論的な認識論を生物学に持ち込んでいた。彼らは近い将来，教員として学校教育を担う人材であることを考慮すると，この事態は見過ごすわけにはいかない。しかし，救いもあった。彼らの多くは，「まず，このような質問をした生徒を褒める」とか「この質問を，クラスのみんなと共有して協同的な学びの出発点にする」とかいう但し書きをつけてくれていたのだ。

　日常の生活経験だけでは到達しがたい科学的認識の深まりこそが，学習者の「思考力，判断力，表現力」を豊かに育むことにつながる。学習者から質問が出るということは，今まさに，彼らに学ぶ意欲や関心，興味が高まっている状態なのだ。彼らのもつ素朴概念（既有知識）を，教科に特有の見方・考え方へと導く絶好の機会と捉えるべきである。

　そこで，先ほどのようなキラリと光る質問をしてくる中学生には，すかさず，「君の『なぜ』はどういう意味の『なぜ』？」と聞き返してみてはどうだろう。言語活動は，学習者の汎用的な資質・能力の形成にとても重要な役割を果たす。こちらから意図的に，深い思考を伴った概念の世界へと引きずり込むわけだ。学習者の既有知識や素朴概念が，その背景にある科学的本質を理解した教師による導きによって洗練され，統合されたその先に，概念は形成されるものなのだから。

5.5　おわりに

　以上本章では，教師力の側面からIBサイエンスの特徴を見てきた。IBサイエンスにおける概念学習には自然の事物・現象の本質的理解が不可欠であるため，要素的な知識の習得とそれらの結びつきを系統的に理解する機会はおろそかにはできない。この点において教師力とともにIB教育が期待しているのは，学習者自身の「学びにむかう力」である。詳細は別の機会に譲るが，固有知識をほとんどもたなくても，その領域の学習を手際よく進められる人を「知的な初心者」と呼ぶ。このような優れた問題解決能力は，メタ認知という

省察を基礎とした俯瞰的な思考能力の習得によって実現される。この，必要な知識を自身で補完しながら学習を進めることができる「知的な初心者」は，IB教育の「学習者像」なのである。

[原　健二]

【引用・参考文献】

国際バカロレア機構 (2016)『MYP：原則から実践へ』〔2014年5月発行，2017年9月改訂の英語原本 *MYP: From principles into practice* の日本語版，最新改訂2018年〕

原健二 (2017)「小学校理科の新規項目「人の体のつくりと運動」における教科内容の系統性に関する分析」『東京学芸大学紀要　自然科学系』第69集：105-113.

文部科学省 (2008a)『小学校学習指導要領解説 (理科編)』

文部科学省 (2008b)『中学校学習指導要領解説 (理科編)』

Allott, A. & Mindorff, D. (2017). *MYP Biology; A concept-bases approach.* Oxford University Press.

International Baccalaureate Organization (2014). *Middle Years Programme: Science Guide.*

第6章　IB数学の基盤となる数学教育観の検討

6.1　はじめに

　どのような目的で数学を教えるか。そもそも，なぜ，学校で数学を教える必要があるのか。このことについてあらためて検討することが，IBにおける数学科教師の有り様を考える第一歩になる。「なぜ」「何を」「どのように」は相互に強く関連するからである。

　本章では，IB数学の基盤となる数学教育の社会的，哲学的な根源に立ち返り，それをもとに授業や評価の方向性を検討する。

6.2　数学教育の目的

6.2.1　社会とのつながり

　IBの使命は，「多様な文化の理解と尊重の精神を通じて，より良い，より平和な世界を築くことに貢献する，探究心，知識，思いやりに富んだ若者を育成すること」にある。これは，例えば，次に示す中央教育審議会答申を見てもわかるように，これからの日本の教育でめざす方向ともおおむね一致している。

> 　本答申は，2030年の社会と，そして更にその先の豊かな未来において，一人一人の子供たちが，自分の価値を認識するとともに，相手の価値を尊重し，多様な人々と協働しながらさまざまな社会的変化を乗り越え，よりよい人生とよりよい社会を築いていくために，教育課程を通じて初等中等教育が果たすべき役割を示すことを意図している。
> 　グローバル化は我々の社会に多様性をもたらし，また，急速な情報化や技術革新は人間生活を質的にも変化させつつある。こうした社会的変化の影響が，身近な生活も含め社会のあらゆる領域に及んでいる中で，子供たちの成長を支える教育の在り方も，新たな事態に直面していることは明らかである。　　　　　　（中央教育審議会 2016：1）

しかし，このようなことは，数学教育とは遠い世界のことと考える数学教師も少なくないだろう。日本には学習指導要領に基づく検定教科書があることにより，「なぜ」「何を」の検討は，すでに決められた単元内にとどまりがちである。

　ここで，今一度，なぜ数学を教えるのかを考えていただきたい。

　数学は，大学等で専門的な学問を学ぶうえでの基盤となるから教えると考えた人がいるだろう。もしそうであるなら，例えば，大学に進学しない高校生には，数学を教える必要性はないということにならないだろうか。

　これに対して，次のような考えもあろう。現代社会には数学が埋め込まれているので，そこでの社会的な意思決定のプロセスに参画したり批判的に検討したりするために数学が必要である。数学の素養がないと，他者の示した結論に一方的に従うか，ただ反対の意を唱えるだけになってしまう。持続可能で民主的な国の形成に資する市民の育成のために数学を教えるという考えである。しかし，このような考えと日々の数学の授業とのつながりを問われると，「所詮，教える内容は同じ数学ですから…」となり，このような考えとの接点をほとんど見出せず，その結果，数学科は社会的な目的とはそもそも関わる必要はない，という考えに至るということはないだろうか。

　一般に，数学教育の目的は，実用的目的，文化的目的，陶冶的目的の3点から考えられることが多い。実用的目的とは，数学，日常生活を始め，さまざまな分野で役立つから教えるというものである。文化的目的とは，数学は人間の思惟により創り出されものであり，論理的厳密性や完全性の美しさの背後にある多くの知恵を経験することは，人間のすばらしさを知ることになり，文化の理解にもつながることだから教えるというものである。陶冶的目的とは，数学を学ぶことによって育成される力があり，論理的な推論，簡潔な表現，統合的にみる見方など，ものの見方や考え方が広くなるから教えるというものである。このような3つの目的は，本当に，社会と独立している，つまり，時代や社会が変わっても変わらない普遍的なものなのだろうか。

　このことについて，イギリスの数学教育学者であるポール・アーネスト（Paul Ernest）が極めて示唆的である。アーネストは，数学教育に対して，異なる目的をもった集団として「古典的人間主義者（old humanist）」「科学技術実用主義者（Technological pragmatist）」「産業訓練士（Industrial trainer）」「進歩主義的教育者（Progressive educator）」「国民教育者（Public educator）」を挙げ，その社会的，歴史的，イデオロギー的，哲学的な根源を分析している。

　例えば，「古典的人間主義者」は，数学を本質的に価値がある，文化の一つの中心的な要素とし，才能をもった集団の所産であると捉え，論理的証明，構造，抽象化，簡潔さ，優雅さに価値をおく。この立場からの数学教育の目的は，数学それ自身のために数学を伝達することになる（Ernest 1991=2015：216）。その数学カリキュラムでは，「すべての子ども」のための関心よりも，才能もった集団の関心に焦点をあてる。このことは，その集団の存続につながり，社会の階層構造を再生産することを追究していることになる（Ernest

1991=2015：385）。

　また，エヴァ・ヤブロンカ（Eva Jablonka）らは，「数学化」した社会と「脱数学化」した個人という視座で数学教育の目的を考究している。ヤブロンカからのいう「数学化」は，社会的プロセスとしての数学化であり，社会学における「社会化」（socialization）と対比して捉えられる（Jablonka & Gellert 2007）。社会化とは，「特定の文化社会の中で，その社会の文化を習得し，その社会の成員として成長していくこと」（藤田 1995：136）であり，個々人が社会化されて，その社会の成員になるという側面（個人の社会化）と，その個人の社会化を通じて，その文化社会そのものが再生され変化していくという側面（社会の社会化）の二重の意味がある。この考えに基づけば，今後，脱数学化した個人により，社会が脱数学化していく恐れがあり，それは民主的な社会の持続とは異なる方向性を志向することにもつながる。最近のポピュリズムの隆興が想起されよう。

　一見，社会的価値や社会構造に対して無縁で中立であると思いがちな数学教育も，明示的か暗示的かは別にして，それらと深く結びつくことがわかるだろう[1]。

6.2.2　現実世界の問題の扱い

　このように考えてくると，IB数学では，数学の実用的目的を重視した指導をすればよいと考える人も少なくないだろう。この点についても，前掲のアーネストの「科学技術実用主義者」と「国民教育者」についての分析が示唆的である。

　「科学技術実用主義者」は，数学の知識を，問題点のない，与えられたもの，道具のように実際的な応用に用いることができるものとして見る。子どもが価値ある市民になるために学問的な数学に成功する必要はないと考え，ニューメラシー（numeracy）を身につけることを確実にすること，数学を応用や文脈的な状況を通して教えることを重視する（Ernest 1991＝2015：252-253）。科学技術の技能に長けた者の上層への社会的な流動性を通して，産業，雇用，社会の需要に役立つことをめざしており，社会の上層への小さな移動を伴うものの，社会の階層化に対して疑問をもたないため，社会の階層構造をゆるく再現することになる（Ernest 1991=2015：390）。

---

1) 教育社会学者の舞田俊彦は，総務省『国勢調査』（平成22年度），東京都教育委員会『児童・生徒の学力向上を図るための調査』（平成25年度）をもとに，東京都内49区市別の住民の大学・大学院卒業率と小学校5年生の算数平均正答率の相関を調べ，その相関係数は＋0.9を超えていることを示している。（日本教育新聞連載記事，「数字が語る日本の教育」：2018.9.3.）
　このような結果は，現在の学校数学が文化的に高い層の子弟にとって親和性が高いものになっていることの反映である，とする見方もできる。例えば，算数・数学を苦手とする子どもに対して，電卓やコンピュータで代用可能な技能を，基礎・基本が大切だからと指導し続けることは，暗に文化的に高い層が得意とする学力の価値を高めており，社会の階層構造を再生産することになる。また，統計学を数学から遠ざけたがることも同様である。

これに対して，「国民教育者」の見方での目的は次のようになる。

　……，数学における批判的思考を通して民主的公民性を育てることである。このことは，社会的文脈に埋め込まれた数学の問題を解決し提起することに自信を持てるような力を，個々人に与えることを含んでおり，したがって，数学の社会組織について理解することを含んでいる。より深い水準では，それは学習者が数学的な活動に参加できるようになるのを支援することを含み，そして，その数学的な活動は学習者の社会的，政治的な文脈に埋め込まれているとするものである。これらの目的は，数学教育を社会におけるすべての人のための社会的公正を推進することに貢献すると見なしたいという願望から生じている。(Ernest 1991=2015：319)

　数学の授業において，現実世界の問題を扱おうとするときに，どちらの立場にたつかで，扱う問題の文脈が異なってくる。このことについて，次の2つの問題を例に，より具体的にみてみよう。

　ある製品A，Bを1個作るのに必要な原料a，bの量，原料a，bの1日当たりの使用限度量，製品A，Bを販売したときの1個当たりの利益が下の表のように定められているとき，利益を最大にするには，1日に製品A，Bを何個ずつ作ればよいか。

	製品A	製品B	1日の使用限度量
原料a	1kg	2kg	200kg
原料b	3kg	1kg	400kg
1個当たりの利益	2000円	1000円	

（文部科学省 2018：60）

　イギリスのある町で病気が蔓延している。94万5,500人の住民のワクチン接種のために，5百万ポンドの予算が与えられている。次の2種類のワクチンがあり，あなたは，ワクチンの接種計画をつくる任務を任された。
　ワクチンAは感染に95%効き，一人当たり8ポンドかかる。
　ワクチンBは感染に70%効き，一人当たり3.5ポンドかかる。
　ワクチン接種計画をつくろう。

	人数		人数
医療関係者（医師・看護師）	75,640	他の専門職（教師，法律家など）	122,915
重要な公共サービス（電気・ゴミ収集など）	113,460	その他の小売業者，自動車修理業，室内装飾など	85,095
食料品店等の転院	113,460	定年退職者	85,095
農業・食料品生産業者	85,095	児童・生徒	94,550
その他の販売業者	104,005	5歳未満の幼児	66,185
		合　計	945,500

（Bowland Maths.）

ともに現実世界の文脈における最適化の問題であるが，違いはどのような点にあるだろうか。前者で要求されていることは数学的に解を求めることまでで，条件を不等式の領域として図示して最大値を求めることが学習の目的となる。これに対して，後者は予算内で購入できるワクチンＡの最大値を求めるだけではなく，誰にそれらのワクチンを投与するかを決めなければならない。「児童・生徒」や「5歳未満の幼児」を優先する，「医療関係者」を優先するなどの考えが出される中で，社会生活を維持するうえで大切なことは何か，さまざまな職業の人がいて町が機能していることなどに気づく。そうすることで，表に示された職業別の人口比で配分する，という算数・数学の授業ではよく目にするような比例配分の考えの背後にある価値観に気づくことができる。意思決定を要請する問題場面には，一つの正解が予定されているわけではなく，否応なく社会的価値観や個人的価値観が関わり，それらの価値観に応じて数学が選択・使用・解釈されることを学ぶことも期待できる。

このような点から，前者を科学技術実用主義者的な問題と呼ぶのならば，後者はまさに国民教育者的な問題であることがわかるだろう。数学の「実用的目的」の意味をどう捉えるかの違いでもある。どちらの立場にたつかは，IBの理念を達成するうえで一つの鍵となる。

6.3　数学観と授業・評価

6.3.1　授業

IB数学では，いわゆる「数学の世界の問題」も扱う。常に，数学の「実用的目的」に焦点を当て，現実世界の問題を扱うというわけではない。では，そのような授業を考えるときには，IBの使命，「多様な文化の理解と尊重の精神を通じて，より良い，より平和な世界を築くことに貢献する，探究心，知識，思いやりに富んだ若者を育成すること」は脇に置くことになるのだろうか。

上述の「古典的人間主義」や「科学技術実用主義者」でも見たように，数学教育の目的には，「数学」をどう捉えているか，すなわち，数学観も大きく影響している。例えば，数学は確実で反論の余地のない，絶対的な真理からなるものと捉える（絶対主義）か，数学的真理は可謬であり訂正することができ，絶対的な妥当性はもっていないと捉える（可謬主義）かによって，望ましいと考える授業が異なってくる。

絶対主義的な数学観は，数学の概念は教師が説明し理解させるほうがよい，生徒の誤りは正すべきもの，誤りをさせないような指導がよい，といった考えに結びつきやすい。それに対して，可謬主義は，数学的知識はまず個人が構成し，それを公表し，批判・修正を経て合意された知識になるという，社会的構成主義を基盤とする指導，すなわち，子どもたちの未熟な考えを取り上げ，クラス全体で精緻化していく指導がよい，といった考えと

親和性が高い。可謬主義のほうが，新たな概念を獲得するプロセスを重視することになる。

　現在の日本の教育システムの中では，理科や社会科などの他教科にも，数学が前者の立場をとることを指示する教師が多いかもしれない。自分はどのような数学観をもっているか，IB数学においてはどのような数学観にたつことが望ましいのかについて，今一度考えてみる必要があろう。

6.3.2　評価

　数学観は，評価にも影響する。

　絶対主義的な数学観は，正しいか否かがはっきりする，伝統的なペーパーテストによる評価と親和性が高いといえよう。最終的な解に至っていない場合に，正しい所までに得点を与えることも，この考えと結びつく。

　では，可謬主義的な数学観は，どのような評価と親和性が高いのだろうか。それは，数学的思考のプロセスの評価である。例えば，個々の学習者のいまいる場所（現状）と，行くべき場所（目標），そのギャップの解消方法を，教師と学習者が把握し，学習者の変容に役立てるといった形成的アセスメント（例えば，Paul Black & Dylan William 1998）がある。学習者の変容を促進するという評価の役割を重視し，学習者に対して，「どんなことで困っているのか」を自覚させ，「その状況を解決するにはどんなことができればよいか」「それができるためにはどうすればよいか」を考えさせ，必要に応じて助言していく。授業で問題解決活動に従事させ，その過程で行っていくことも含まれ，また，ルーブリックを学習者自身が把握することも，自身の状況や進むべき方向を知るうえで大いに役立つ。

　もちろん，入試等の外部試験の主流は，短時間で問題を解いた「結果」に対する加点主義であり，それへの対応も教師の責任の一部として無視できないものである。しかしながら，試験後に剥落しないような数学的な思考力を育成するうえでは，どのような評価が有効かを考えることを忘れてはならない。また，日本ではテスト文化が強く根づいており，教師だけでなく，国民全体としても，教育における評価観が狭い。評価の目的に立ち返り，IBにおける評価の意義を考察してみることが大切である。

6.4　IBにおける数学授業の批判的検討の視点

　本章では，数学教育を社会的，哲学的根源に立ち返って考えることの必要性について検討してきた。このことは，IBのディプロマプログラム（DP）におけるTOK（Theory of knowledge）の学習にもつながることである。

　また，IBにおける数学授業の批判的な検討の視点を与えることにもなると考える。例え

ば，IB全体の枠組みに比して，数学授業そのものの先鋭性，卓越性は見られているだろうか。授業形態や評価方法といった「方法論」レベルではない，IBの使命に即した数学の学びとしての特徴を追究できているだろうか。

　このような視点をもつ反省的実践者になるには，ワークショップへの参加だけでは不十分であろう。研究テーマに基づく学習指導案の作成，研究授業，授業後の協議や振り返り。このような授業研究の繰り返しが不可欠であると考える。授業研究による授業改善や教師の授業力向上のシステムは，日本のIB校が世界へ向けて発信していくべきことでもあろう。

　もしIB数学の授業が，このような批判的な視点や自己向上機能を必要とせずに成立しうるのであれば，IBの導入の目的や意義を問い直すことも忘れないようにしたい。日本的な教育行政やビジネス等のさまざまな思惑の中では，IBの使命や理念が見失われることもあるのだから。

［西村 圭一］

【引用・参考文献】

中央教育審議会 (2016)『幼稚園，小学校，中学校，高等学校及び特別支援学校の学習指導要領等の改善及び必要な方策等について（答申）』http://www.mext.go.jp/b_menu/shingi/chukyo/chukyo0/toushin/__icsFiles/afieldfile/2017/01/10/1380902_0.pdf（2019年7月13日最終閲覧）

文部科学省 (2018)『高等学校学習指導要領解説　数学編　理数編』http://www.mext.go.jp/component/a_menu/education/micro_detail/__icsFiles/afieldfile/2018/07/17/1407073_05.pdf（2019年7月13日最終閲覧）

藤田英典 (1995)「学習の文化的・社会的文脈」佐伯胖・藤田英典・佐藤学編『学びへの誘い』東京大学出版会，pp.93-142

Black, P. & William, D. (1998). *Inside the Black Box: Raising Standards Through Classroom Assessment*. King's College London School of Education.

Bowland Maths. *Outbreak*. (= Bowland Japan監訳，http://bowlandjapan.org/starterkit　2019年7月13日最終閲覧)

Jablonka, E. & Gellert, U. (2007). Mathematisation and Demathematisation, *Mathematisation and De Mathematisation*. Sense Publishers, pp.1-18.

Ernest, P. (1991). *The Philosophy of Mathematics Education*. Routledge. (=2015，ポール・アーネスト著，長崎栄三・重松敬一・瀬沼花子監訳『数学教育の哲学』東洋館出版社)

第7章　IB教師のための本質的で根源的な問い──「個人と社会」を中心に──

7.1　本質的で根源的な問いへの応答をめざす

　本章の目的は，IB教師が実践者として「いかなる見方・考え方・感じ方，そして在り方を有するのか」，その本質的で根源的な問いへの応答をめざすことにある。単に抽象的な「べき論」ではなく，具体的に「個人と社会」を実践する場合を想定してその問いへの応答をめざすことにしたい。

　なぜ，こうした目的を設定したのか。

　それは，IBプログラムがいかに優れた理論や哲学に裏打ちされたカリキュラムであったとしてもそれを実践する教師の有する見方・考え方・感じ方，そして在り方次第では学習者に潜在する力や持てる力を呼び起こし引き出すことは困難であるからである。

　今，時代は地球・国家・地域・企業・学校・家族・個人などさまざまなレベルで持続可能か不可能か，せめぎ合う「問い」の真っ只中にあると言っても過言ではない。

　しかも，その「問い」への正解は見えず，多数解もあり得る，また時間的推移とともにその暫定解も刻々と変化してゆく時代である。その「問い」を成立させる仮説も単に「因果仮説」論のもとで検証されてゆく「仮説検証」型実践だけではなく，むしろ仮説自体が生成されてゆく「仮説生成」型実践が求められる時代でもある。

　近年では，当たり前のように存在してきた原因が結果を生み出す「因果仮説」論を超えて，「逆因果仮説」論のもと深くて永く続く「仮説生成」型実践が求められる時代に突入した。現に，2017年に量子論の世界で「未来が過去に影響する / The future is affecting the PAST」という「逆因果仮説」の生成と検証が物理学者と哲学者との協働によって始まったというニュースも流れてきている。[1]

　量子論の世界でいかにこの「逆因果仮説」が生成・検証されるのかは筆者の理解の及ぶ

---

1) 逆因果仮説「未来は過去に影響する」については，SHOCK QUANTUM THEORY: The future is affecting the PAST (2017年7月10日付，イギリス・タブロイド紙 Daily Express の Web版 EXPRESS) を参照されたい。https://www.express.co.uk/news/science/826886/time-travel-quantum-mechanics-einstein-retrocausality （2018.12.24取得）

領野ではないが、「未来が過去に影響する」という「逆因果仮説」を教育学の世界で解釈ないしは敷衍することは不可能ではない。

　例えば、予察された未来の複雑性や不確実性から過去となる現在の見方・考え方、感じ方・在り方を探求し学ぶという逆因果仮説の可能性がある。今ここで実践される授業が、持続可能か不可能かせめぎ合い、予測不可能で不確実性を有する「未来」今ここで対話しようとする実践、例えばESD (Education for Sustainable Development;持続可能な開発のための教育) カリキュラムは、「未来」が過去、すなわち、現在に影響を与えるバックキャスティングなカリキュラムであると言っても過言ではない。

　そこで、こうした「因果仮説」と「逆因果仮説」、「仮説検証」型実践と「仮説生成」型実践との狭間に立ったとき、IBプログラムを実践する教師にとって、いかなる見方・考え方・感じ方、そして在り方が考えられるのか、「個人と社会」を中心に応答的考察を行っていきたい。

7.2　IBプログラム「個人と社会」と対話する教師

　「個人と社会/Individuals and Societies」は、DPに置かれる「言語と文学 (母国語) /Studies in Language and Literature」「言語習得 (外国語) /Language Acquisition」「個人と社会/Individuals and Societies」「科学/Sciences」「数学/Mathematics」「芸術/Arts」という6つの科目グループの中の1つである。

　「個人と社会」は第3番目の科目群に位置づけられ、その科目は①「ビジネス・マネジメント/Business Management」、②「経済学/Economics」、③「地理学/Geography」、④「グローバル政治/Global Politics」、⑤「歴史学/History」、⑥「グローバル社会の中の情報テクノロジー/Information Technology in a Global Society」、⑦「哲学/Philosophy」、⑧「心理学/Psychology」、⑨「社会・文化人類学/Social and Cultural Anthropology」、⑩「世界の宗教/World religions[2]」の10科目[3]がある。

　「個人と社会」には、上記の②・③・④・⑤・⑦など、わが国の高等学校学習指導要領に設置された地理歴史科 (地理総合、地理探究、歴史総合、日本史探究、世界史探究) や公民科 (公共、倫理、政治・経済) に相当するか、一部関連する科目はある。しかし、「ビジネス・マネジメント」や「グローバル社会の中の情報テクノロジー」「心理学」「社会・文化人類学」「世界の宗教」などは、地理歴史科・公民科の領域を超える科目群が存在する。

　「個人と社会」のいずれかを履修する学習者や担当する教師は、個別に分割された科目

---

2)「世界の宗教 (World religions)」は、標準レベル (SL) のみ履修可能である。

3) この10科目以外に、第4グループの「科学Sciences」の「環境システム社会Environmental systems and societies」は、「個人と社会」との学際的科目Interdisciplinary subjectとして位置づけられている。

を履修・担当するとき，各科目の目標と内容に通底するさまざまな概念との関わりから生じる「問い」に注目していきたい。

（1）IBの使命と「個人と社会」の科目群はいかなる関係性にあるのか

　例えば，「グローバル政治」や「経済学」における学びが，いかにIBの使命である「多様な文化の理解と尊重の精神を通じて，より良い，より平和な世界を築くことに貢献する，探求心，知識，思いやりに富んだ若者の育成」につながるのか。

（2）IBの学習者像と「個人と社会」の科目群はいかなる関係性にあるのか

　例えば，「地理学」における学びが，いかに学習者を「探究する人/Inquirers」「知識のある人/Knowledgeable」「考える人/Thinkers」「コミュニケーションができる人/Communicators」「信念をもつ人/Principled」「心を開く人/Open-minded」「思いやりのある人/Caring」「挑戦する人/Risk-takers」「バランスのとれた人/Balanced」「問い直し/見通すこと（振り返り）ができる人/Reflective」に成長させられるのか，常に意識していたい。

（3）DPのコア「TOK：Theory of knowledge 」「EE：Extended essay」「CAS：Creativity, activity, service」と「個人と社会」の科目群はいかなる関連にあるのか

特に，「TOK/知の理論」との関係性については，学習者である生徒にとっても教師にとっても極めて重要な「問い」がある。例えば，「歴史学」の学びにおいて，特に「言語/language」「知覚/sense perception」「感情/emotion」「理性/reason」「想像/imagination」「信仰/faith」「直観/intuition」「記憶/memory」という「知るための方法 /ways of knowing」を援用したり，「知識の本質/nature of knowledge」に触れたり，「知識の領域 /areas of knowledge」との関連に気づけるか。

（4）MYP「個人と社会」とDP「個人と社会」の科目群とはいかなる関係性にあるのか

DP「個人と社会」の学びを支えるものとして，最も注目したいのは，MYPが「グローバルな文脈において概念理解を促すことによって，『個人と社会』の持続的な探究を構築する。教師と生徒は，科目を探究するために探究テーマを開発し，探究の問いを利用する。生徒はこの探究を通して，教科の，そして学際的な「学習のアプローチ」の特定のスキルを習得します」（国際バカロレア機構 2016：17）とあるように，いかにグローバルな文脈において「概念理解/conceptual understanding」を促すか，という点である。「個人と社会」の学びに不可欠な知識やスキルやリテラシーを習得するために，いかなる「概念」を扱ってきたのか／扱うべきか，問うことである。

MYP「個人と社会」において「概念」とは，「永続性を持つ原則または観念で，その重要性は特定の起源，対象，または時間を超越するもの」であり，「個人，地域，グローバルに意義のある問題や考えを探究する手段を生徒に提示し，「個人と社会」の本質を探究する方法を提供」するとしている。また，①「概念は，事実とトピックを整理し関連づけるなかで，生徒と教師がより複雑に考える必要がある知識の構造において，重要な役割」を果たす，②「概念は，生徒が生涯にわたる学習という冒険に携えていく理解」を表し，「原則，一般化，理論を発展させるうえで生徒の助け」となる，③「生徒は，概念理解を利用して問題を解決し，問題を分析し，自分自身，コミュニティー，そしてより広い世界に影響を与え得る意思決定についての判断」を行うものとしている（国際バカロレア機構2016：17）。

　そして，MYP「個人と社会」においては，「変化」「グローバルなかかわり」「システム」「時間・場所・空間」という重要概念が挙げられており，また，さらに，掘り下げた学習を促すために「個人と社会」で示された経済・地理・歴史・総合社会科に関する関連概念と「個人と社会」の他の分野で提案されている関連概念を合わせて計60の概念が示されている。詳細は，MYP『「個人と社会」指導の手引き』（国際バカロレア機構 2016：19-20）を参照されたい。

(5)「学問的誠実性」が「個人と社会」の科目群において貫かれているか

　教師がLearning Materials/教材研究を行い，学習者に提供する際，また，学習者が探究を行ってゆく時，いかに「学問的誠実性/Academic integrity」を担保してゆくか，という問いへの応答が必要である。「学問的誠実性」を担保するには，「不正/malpractice」の定義を明確にしておく必要があるが，DP『学問的誠実性』では，以下のように規定している。

・剽窃：他人の考えや成果物を自分のものとして使用すること
・共謀：自分の学習成果物の他人による引き写しや提出を許すなど，他の志願者による不正を支援すること
・学習成果物の重複使用：異なる評価要素やIB資格取得の必修要件に対して，同一の学習成果物（コンポーネント）を提出すること
・志願者が公正さを欠いた利益を得る，または他の志願者に影響を与えるすべての行動〔許可されていないものの試験会場へのもち込み，試験中の違反行為，「創造性・活動・奉仕」（CAS）記録の虚偽申告など〕
　　　　　　　　　　　　　　　　　　　　　　　　　　　（国際バカロレア機構 2014a：5）

　「他人の言葉を新しい文体で表現し，別の文に文法的に統合したもの」である「パラフレーズ」（言い換え）は，「引用」と同様に出典を明記しない場合は，「剽窃」と見なされることなど，具体的に著作権[4]について自他ともに理解しておく必要がある（国際バカロレア

4）文化庁「著作権に関する教材，資料等」：http://www.bunka.go.jp/seisaku/chosakuken/seidokaisetsu/kyozai.html（2018.12.24最終閲覧）

機構 2014a：15）。いずれにしても IB の学習者像が教師を含む IB の学習者すべてに関わるように，「学問的誠実性」についても同様に，学習者としての生徒と学習者でもある教師も問われている点を押さえておきたい。

　以上，5点に焦点化して，IB「個人と社会」を例として，筆者から読者への「問いかけ」を行った。これらの「問いかけ」をもとに，自己との対話や他者との対話をく行っていってほしい。

7.3　IB教師の見方・考え方，感じ方，そして在り方

7.3.1　見方・考え方

　DP「個人と社会」は，① 「人間の経験と行動」「物理的・経済的・社会的環境」「社会的文化的制度の歴史的展開」に関する体系的でクリティカルな学習，② 理論・概念・議論に対するクリティカルな分析や評価，③ 自らが所属する社会の文化と他の文化と関連性の認識，④ データの収集・記述・分析，仮説・検証，複雑なデータ・原資料の解釈，⑤ 人間の態度や多様性の認識，⑥ 内容と方法論における不確実性への寛容をめざす人間科学・社会科学の科目群を包括している。その意味では，いわゆるわが国の社会科/Social studies 概念を大きく超えている。

　しかし，その基礎的な見方・考え方として，MYP における 6 つの「グローバルな文脈/Global Contexts」の意味を理解しておく必要がある。

図7-1　グローバルな文脈
出所）東京学芸大学附属国際中等教育学校「グローバルな
　　　文脈」ポスター（嶽里永子教諭作成）参照。

表7-1　グローバルな文脈

・アイデンティティーと関係性

・空間的時間的位置付け

・科学技術の革新

・個人的表現と文化的表現

・グローバル化と持続可能性

・公平性と発展

また，「個人と社会」の空間的構造については，単に同心円的空間構造ではなく，以下のような「接点隣接楕円的空間構造」として捉えておきたい。

　確かに「個人（私）」から家族・地域・国家・国際社会等へと「社会」の空間認識は拡張してきたが，グローバル時代における高度情報化社会の進展に伴い，個人が家族や地域・国家を越えていきなり国際社会とつながったり，国際社会の出来事が個人の手元にあるスマートフォンに飛び込んできたりする時代となっている。このような時代の「個人（私）と社会」の空間構造は，もはや単に同心円状に拡張するのではなく，下記の図7-2のような「接点隣接楕円構造」の空間の中に「個人（私）と社会」が存在している。

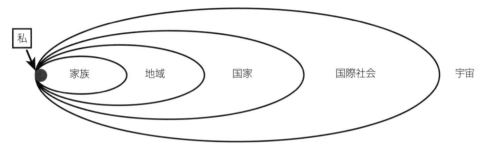

図7-2　「接点隣接楕円構造」空間の中の「個人と社会」

出所）成田（2003：76）

7.3.2　感じ方

　先述したように，TOK（Theory of Knowledge；知の理論）において，WOKs（Ways of Knowing；知るための方法）として，「言語/language」「知覚/sense perception」「感情/emotion」「理性/reason」「想像/imagination」「信仰/faith」「直観/intuition」「記憶/memory」という8つの方法を提示している（国際バカロレア機構 2014b：9）。

　DPの学習者たちは，これら複数の方法を探究することになるが，教師にとっても8つの方法概念を十分に理解しておく必要がある。

　特に，「感情/emotion」「想像/imagination」「信仰/faith」「直観/intuition」には，注目しておきたい。OECDのThe Learning Framework 2030の中でも，認知レベル・メタ認知レベルの学び方だけではなく，非認知レベルの学び方（Social and Emotional skills）の重要性について言及されている（OECD 2018：5）。

　しかし，見方・考え方同様，各個人の「感情/emotion」「想像/imagination」「信仰/faith」「直観/intuition」は，多様で異なるのが現実である。

　そこで，その多様で異なる現実の中で重要になる概念が「対話/dialogue」である。

　一般に，「対話」には「学習対象との対話」「自己との対話」「他者との対話」がある（佐藤 1995）。例えば，学習者が「個人と社会」という科目群の学習内容について学び（学習対

象との対話）, 共感だけではなく違和感をも抱きながら, その結果, その内面にいかなる変化・変容が起こるのか, リフレクション（reflection；問い直し／見通し）とコンテンプレーション（contemplation；観想）を通して[5], 自らが自らの学びの問い直し／見通し[6]（自己との対話）を行う。その一連の学びを「他者との対話」を通して, さらに深い振り返りを通してメタ認知を重ねる。

　さらに, この深いふりかえりをさらに拡張・深化させるのは, 「時間との対話」である。「時間との対話」とは, 「学習対象との対話」としてのDP歴史において「現在と過去」との対話がある（カー 1968：40）。しかし, それだけではなく, 「個人と社会」のカリキュラムにおける「学習対象との対話」「自己との対話」「他者との対話」のプロセスの中で, また, そのカリキュラムでの学びを終えたあとに, 学習者自身の「現在」と「過去」の学びとの対話や, 複雑で不確実な「未来」と「現在」の学びとの対話における変化・変容／transformationに時間軸を移動しながら気づいていく。これは, 「個人と社会」カリキュラムに止まらず, 科目という枠を超えた学びの拡張・深化をもたらしていく。

7.3.3　在り方

　IB教師は, 単元・本時の展開（授業）実践を通して, 常に学習者という他者との対話をしつつ, 自らの見方・考え方, 感じ方をメタ認知していくことが求められる。それは, ある意味, IB教師としての在り方／presenceが問われることであると言っても過言ではない。

　IBのプログラムでは, 一貫してIBの学習者像が求められるが, これらは, 3歳から19歳までの学習者に求められるだけではなく, IB教師にも求められる学習者像である。いわゆる生徒たちにはしばしば「出席番号」1〜n番までが付与されるが, IB教師は0番目の学習者として存在する。

　しかし, IB教師は, 1〜nの学習者に対する教育者／Educatorとして存在する。

　教育者／Educatorとは何か。

　日本語の「教育」は, 明治以来, Educationの訳語として使われてきたが, 「教育」という訳語が成立するまでは, 多様な訳語が存在していた。例えば, 「教導」と訳した箕作麟祥, 「教化」と訳した大久保利通, 「発育」とすべきとした福沢諭吉, そして, 初代文部大臣と

---

5) 前者は, 論理と証拠をもとに行うふりかえり（大脳新皮質＝認知脳）であり, 後者は直観や閃きをもとに行うふりかえり（大脳辺縁系＝情動脳）である。具体的な方法については, 成田喜一郎（2013）「子どもと教師のためのオートエスノグラフィーの可能性：「創作叙事詩・解題」を書くことの意味」『ホリスティック教育研究』第16号, pp.1-16を参照されたい。

6) 問い直し／見通し（リフレクション）については, 2017年卒業予定者から適用の『「創造性・活動・奉仕」（CAS）指導の手引き』（国際バカロレア機構 2015：33-37）を参照されたい。ここには, 他の科目の手引きにはないほど, ふりかえりの意図や要素・発展のための問い・タイミング・形式など詳細に再定義がなされており, また, 何が振り返り出会って, 何が振り返りではないのか, 具体的に例示されている。

なる森有礼の訳語「教育」がEducationの訳として定着して今日に至る。しかし，本来，Educationの語源には「教えること/teaching」の意味はなく，「呼び起こす」「引き出す」という意味があったとされる[7]。明治以来，約150年間，このEducationを表意文字である漢字2字で「教育」としたことから，教育現場で使われる多様な概念は，Teachingの意味が刻み込まれた「教師」「教材」「教具」「教案」「指導案」「授業」など，本来の意味から遠くかけ離れた学校文化・教員文化となっていったと言ってもよい。

　IBプログラムに携わる者として，今一度，原点「呼び起こす」「引き出す」営みとしての立場に立ち返り，その在り方自体を問い直す必要があるのではないだろうか。

　Teacher/教える者としての自分だけではなく，Educator/呼び起こし引き出す者としての自分であること，Learner/学習者としての自分であることという3側面を有する存在として，さらに学び究めていって欲しい。

　IBのプログラムは，計画/plan・実践/practice・到達/assessmentされた顕在カリキュラム，そして潜在/hidden (latent) カリキュラムまでも視野に入れた優れたカリキュラム[8]であると言ってよい。IB教師がこれまで受けてきた教育/Educationの「当たり前」を問い直すための契機や仕組みが用意されている。その意味で自らのこれまでの学びを棄却/unlearningしたり，再構築/reconstructionしたりする機会がある。

　Educator/教育者としての在り方/presenceを問い直し続けていきたい[9]。

［成田 喜一郎］

---

7) 福沢諭吉 (1899)「文明教育論」『福沢諭吉教育論集』岩波書店 (文庫) pp.133-137．手塚郁恵 (1995)「今，なぜ，ホリスティック教育なのか」『ホリスティック教育入門』せせらぎ出版，pp.24-26．小林敏宏・音在謙介 (2009)「「英語教育」という思想：「英学」パラダイム転換期の国民的言語文化の形成」『人文・自然・人間科学研究』(21)，p.31．高橋勝 (2014)『流動する生の自己生成：教育人間学の視界』東信堂，pp.87-98，田中萬年 (2017)『「教育」という過ち：生きるため・働くための「学習する権利」へ』批評社を参照されたい。

8) 一般に，潜在するカリキュラムとは，学校教育における計画的意図的な明示的プログラムではなく，学習者の学びに向かう姿勢や態度を引き出す「教育Education」環境が醸し出す非計画的無意図的な黙示的文化を意味する。IBプログラムを行う学校には，教師を含むすべての学習者に「主体的・対話的で深い学び」へ誘う文化としての「アフォーダンスaffordance」が潜在しており，また期待されている。

9) 紙幅の関係で本章では，本文では展開することができなかったが，学習者1〜nと学習者0 (教師) の関係についても考察を進める必要がある。いわゆるIBの学習者像が通底するように，子どもと教師の学びの「同型性」の指摘だけではなく，両者の「相即的関係性」にも注目すべきだろう。「相即」という概念は「華厳経 (Avataṃsaka sūtra)」にあるが，ここでは「子どもの学びと教師の学びを相即的なもの」と捉える佐久間亜紀 (2017：428) に即して扱いたい。具体的には，卵の中の雛鳥が内側から殻を突く (啐) と同時に親鳥が外側から殻を突く (啄) という双方の行為によって雛鳥が卵殻の外へ生まれ出ずるという「啐啄同時」(碧巌録) はまさに相即的関係性を象徴している。また，ヘレンケラーとサリバン先生との学びの姿に相即的関係性を読み取ることができる。https://www.facebook.com/rwerthman/videos/10203116147602146/ (2018.12.24 最終閲覧)

【引用・参考文献】

カー，E. H.（1968）『歴史とは何か』岩波書店

国際バカロレア機構（2014a）『学問的誠実性』（ディプロマプログラム（DP））〔2009年8月に発行，2011年7月に改訂の英文原本 *Academic honesty* の日本語版〕

国際バカロレア機構（2014b）『「知の理論」（TOK）指導の手引き』（ディプロマプログラム（DP））（2015年2月改訂）〔2013年4月に発行の英語原本 *Theory of knowledge guide* の日本語版〕

国際バカロレア機構（2015）『「創造性・活動・奉仕」（CAS）指導の手引き』（ディプロマプログラム（DP））〔2015年3月に発行の英文原本 *Creativity, activity, service guide* の日本語版〕

国際バカロレア機構（2016）『「個人と社会」指導の手引き』（中等教育プログラム（MYP））（2018年改訂版）〔2014年5月，2014年9月，2017年9月改訂の英文原本 *Individuals and societies guide* の日本語版〕

佐久間亜紀（2017）『アメリカ教師教育史：教職の女性化と専門職化の相克』東京大学出版会

佐藤学（1995）「学びの対話的実践へ」佐伯胖・藤田英典・佐藤学編『学びへの誘い』東京大学出版会，pp.49-91.

成田喜一郎（2003）「ホリスティック・カリキュラム論序説」『ホリスティック教育ガイドブック』せせらぎ出版，pp.73-77.

OECD (2018). The Future of Education and Skills Education 2030.

第3部

IB教育の多様性

「IB教育」という言葉は特定の教育内容や方法を指すものではない。IB認定校では、IBの教育理念やめざす学習者像を実現するためであれば、それぞれの学校の実情に合わせた教育内容を独自の方法で実施できる。このような具体的な教育課程の編成を各学校の裁量に任せるIBの仕組みは、世界的なIB教育の多様性をもたらしている。しかしこの「多様性」こそが、IB認定校同士の積極的な学び合いを促す結果につながっており、それぞれの学校の教育目標に合わせた最善の形を模索し、改善していく原動力となっている。第3部では、IB教育の多様性がもたらすダイナミズムに焦点をあて、第1部や2部とは違った角度からIB教育にアプローチすることで、「IB教育」を立体的に理解していただくことを意図した。

第8章　国際バカロレアの共通性と多様性
——IB認定校におけるカリキュラム内容と運営形態に 関する一考察——

8.1　はじめに

　*Diffusion of Innovations*の著者であるEverett M. Rogers（2003）は，新しいイノベーション（技術革新）が組織に取り入れられる際，元のものがそのまま導入されるのではなく，往々にしてその内容や形態が導入の過程で組織の実情に合わせて変形されたり修正されたりすることを指摘し，そのことをRe-invention（再発明）と呼んだ。「再発明」という言葉には，イノベーションの使い手が，単に新しい技術を受け入れるだけの消極的な存在なのではなく，新しいアイデアや実践の担い手としてイノベーション自体の技術改良や発展に積極的な役割を果たしているという意味合いが込められている。

　このことは，教育の世界においても例外ではない。例えば，Woolons（2000）は，ドイツで生まれたKindergarten（幼稚園）という概念が，19世紀から20世紀にかけてアメリカ合衆国，日本，トルコなどの国々で導入され独自の発展を遂げていったことを，ケーススタディに基づいて明らかにしている。彼女らの研究は，新しい教育イノベーション，すなわちアイデアや実践が，いかに導入の過程で受け入れ国の文化的影響を受け，ローカルなコンテクストのもとで再文脈化（Re-contextualization）されるかを分析したものであるといえよう。

　では，近年さまざまな国や地域で導入が進んでいる国際バカロレア（IB）の場合はどうだろうか？　本章では，1968年にスイスで生まれた国際バカロレアが，どのように世界各地でローカライズされその国の実情に合わせて再文脈化されているのか，IB認定校間におけるカリキュラムの内容や運営方法の違いに着目しながら考察してみたい。

8.2　IB認定校間の共通性と多様性

　国際バカロレア機構は，1968年以降50年以上にわたって世界145カ国を超える国々で，IB認定校（IB World Schools）に国際教育のプログラムを提供してきた。IB認定校となり校内でIBプログラムを実施するためには，IB機構の定める要件を満たし厳格な認定審査に合

格しなければならず，認定された後も定期的に質保証のための評価訪問を受けなければならないため，国際教育の世界的水準が維持されているといわれている。また，IB認定校のホームページなどでは，世界各地の大学への進学を可能にする「世界標準のカリキュラム」を提供していることをアピールポイントとして謳っていることが多い。各IB認定校は，IBのミッションステートメントに書かれている国際教育の理念を共有し，「多様な文化の理解と尊重の精神を通じて，より良い，より平和な世界を築くことに貢献する，探究心，知識，思いやりに富んだ若者」を育成するという目的に向けて，認定校同士協力し合って教育活動に取り組んでいる（IBO 2018）。

　しかし，同じ教材，同じ教育メソッド，同じカリキュラムデザイン，同じ教室運営を謳い文句に世界各地でフランチャイズ展開している教育産業などとは違い，IBの場合，認定校の間で必ずしも「同じ教育」が行われているとは限らない。なぜなら，IB機構が提供しているのは，国際教育の枠組み（カリキュラムフレームワーク）と質保障のシステム（研修，統一試験，カリキュラム文書など）なのであり，その枠組みの範囲内で実際にどのような教育内容をどのような運営方法で行うかは，認定校の裁量に任されているからである。

　例えば，国際バカロレアでは，教授する内容，使用する教材，教授項目の配列，といった事柄については，IBが提供する国際教育の枠組みの中で各認定校が独自にデザインし決定することになっている。一例をあげると，ディプロマコースでどの教科を教えるかは，「言語と文学」「個人と社会」「数学」「芸術」「理科」「言語の習得」の6つの教科群の詳細を定めたIBのカリキュラムモデルに従いながら各学校が決めるため，各学校で実際に教えられる具体的な教科はIB認定校間で異なるものになることもありえる。例えば，あるIB認定校では「芸術」の分野で「Dance」もしくは「Music」の科目が選択できるのに対して，別の認定校では，「Film」「Theater」「Visual Arts」の3つの選択肢が生徒に与えられているといった具合である。さらに各科目の具体的な教授項目は，担当する教員が自己の裁量で決定する場合が多く，児童・生徒のニーズ，教員の専門知識，好み，教育観などが反映するため，教える内容はさまざまである。

　また，IBが求める国際教育の目標や理念にどのように各学校の実践を近づけていくかについても，目標や理念に反しなければ各学校は独自のアプローチや教育メソッドを採用できるため，その点でもIB認定校間に多様性が生まれるもととなっている。実際，同じ国にあるIB認定校であっても，ある学校は模擬国連を通したグローバル人材の育成に力を入れ，ある学校はバイリンガル教育でコミュニケーション力を伸ばすことを重視し，ある学校ではより高度の科学教育に力を入れ，またある学校では芸術活動を通して創造性教育に学校全体で取り組むといったように，各学校における教育内容は千差万別であり，それぞれの学校において特色のある多様な教育活動が行われている。また，学校の裁量が大きいというIBの柔軟性がゆえに，各国の公教育の枠内でIBを導入することも可能となっているのであり，そのことが，むしろIB教育のユニークな特徴の一つとなっているのである。どの

IB認定校に自分の子どもを入学させるか保護者がいろいろと迷うのも，IB認定校の間に大きな多様性があるからである。

　また，Hill（2006）が指摘するように，各学校で行われる国際教育の中身は，学校の種類（公立・私立・国際学校），児童・生徒の文化的背景（単一文化・多文化），国際教育へのコミットメントがどのくらいあるかなどに，大きく影響される。学校訪問の際，エントランスをくぐっただけでその学校独自の雰囲気を感じることがしばしばあるが，同じIBのカリキュラムフレームワークを採用しているにもかかわらずそれぞれのIB認定校ごとに異なる雰囲気が感じられるのは，認定校ごとに上記のような多様性と特色が見られるからであろう。IB機構自身が述べているように「典型的なIB認定校」というものは，存在しないと言っても過言ではないのである。

　IBの世界的な発展はグローバリゼーションへの教育の分野における対応の一つの表れではあるが，その本質は，ローカルな教育実践を否定する硬直した標準化や画一化にあるのではなく，国際教育の観点から地域性や多様性を再文脈化（Re-contextualization）する教育的工夫にあるとは言えまいか。国際教育の質の保障をめざしながらも，地域の独自性や多様性を許容する柔軟なIBの普及戦略は，地球規模で多くのものが標準化・画一化されていく中，世界でフランチャイズ展開する教育産業などとは一線を画する大きな特徴であると思われる。

8.3　運営形態の多様性

　もう一つ，IBがフランチャイズ展開する教育産業と異なる点は，教育内容の多様性だけではなく，IBの提供するカリキュラムをどのように学校組織上に位置づけ運営するかという組織論的観点からも，IB認定校間で大きな差異がみられることである。特に，1990年代以降，世界的に国際学校だけでなくNational Standardに基づいて教育を行う国内の私立・公立学校でもIB教育を採用するようになってきたことにより，より多様な運営形態が見られるようになった。筆者が興味深いと思うのは，学校で行われる教育の中でNational Standard（日本の場合は「学習指導要領」）などの公的カリキュラムとIBカリキュラムの両者をどのように位置づけるかによって，その学校に内在する文化や教職員のもつ教育観の違いがいやがおうにも滲み出るということである。

　筆者は，これまでIB認定校における学校組織の在り方にも関心を払ってきたが，学校教育全体の中で国内の公的カリキュラムをどのように取り扱うかという観点から，IB認定校のカリキュラムマネジメント上の運営形態を下記の5つの類型に分類できるのではないかと考えている。ここでは，5つの類型を仮に，A）IB-only school，B）Dual-Pathway school，C）Modified Dual-Pathway school，D）Add-on school，E）Integrated curriculum schoolと

名付け，筆者がこれまでに行ってきた調査（Hara 2011）やIB教員としての経験をもとにIB
認定校の分類を試みてみたい。

A. IB-only school
　［児童・生徒は，全員IBのカリキュラムを学習する。］
B. Dual-Pathway school
　［児童・生徒は，公的カリキュラムかIBカリキュラムのいずれかを選択して学習する。］
C. Modified Dual-Pathway school
　［児童・生徒は，公的カリキュラムかIBカリキュラムのいずれかを選択して学習するが，
　一部の授業は合同で行う。］
D. Add-on school
　［児童・生徒は，公的カリキュラムに加えてIBカリキュラムも学習する。］
E. Integrated curriculum school
　［全児童・生徒が融合されたカリキュラムを学習する。］

　まず，Aタイプの学校（IB-only school）は，国際学校など公教育を行う必要のない学校に
よくみられる運営形態である。学校への入学時点で選抜を行うことはあるかもしれないが，
ひとたび入学した後は，児童・生徒全員がIBカリキュラムのみを学習する。例えば，世界
17カ国で展開するUnited World College（UWC）はIBの創設とも深い関わりをもつが，異
なる文化的・社会的背景の生徒たちが共に学ぶことこそが平和な社会の構築につながると
の考えから異文化の理解と尊重を教育理念の中心に置き，開学以来IBをメインカリキュラ
ムとして採用している。また，UWCに限らず，国際教育の手段として，あるいは生徒の
大学への進学の手段としてIBのカリキュラムのみをその学校の全生徒に提供している国際
学校が世界には多く存在する。

　また，特に初等教育，中等教育段階においては，児童・生徒をコースで分けることをIB
が推奨していないこともあり，多くの国際学校においては，小学校（PYP）・中学校（MYP）
レベルにおいては，IBカリキュラムのみの運営形態を実施するところが多い。IBの教育カ
リキュラムしか実施しないため，私学助成金などホスト国からの経済的支援等は期待でき
ないが，国民国家の影響を免れることができるため，学校はIBの理想とする国際教育への
コミットメントを保護者に強くアピールすることができる。

　Bタイプの学校（Dual-Pathway school）は，公教育と並列してIB教育を実施する学校であ
る。児童・生徒は，学校所在国の公的カリキュラムかIBカリキュラムのどちらかを選択し
て学習する。例えば，筆者がニュージーランドで調査をしたあるIB認定校では，11年生（高
校1年生）では全員公的カリキュラムであるNCEA（National Certificate of Educational
Achievement）に則って学習するものの，12年生（高校2年生）になると，生徒はNCEAか
IBかのどちらかのコースを選ばなければならない。NCEAとIBカリキュラムの位置づけは
同等とされ，教師たちは一方のカリキュラムが優れているという印象を調査者に与えない
よう慎重に言葉を選びながら調査インタビューに答えようとしていた。このような運営形

態は，1年生で全員公的カリキュラムを学習し（「Y」の下半分），2年生から枝分かれする（「Y」の上半分）様子から，「Y型（Y-diagram）」もしくは「Dual Pathway Programme」と形容されることがある。調査サンプルの高校で，学校管理職が重視していたのは，生徒に複数のカリキュラム上の選択肢（choice）を与えることであり，IBをその選択肢の一つとして選んだ理由はその学校の設立・運営理念と親和性があるからというものであった（図8-1参照）。

　一方，Dual-Pathway schoolの中には，IBカリキュラムを「大学準備コース」もしくは海外のエリート大学への「特進コース」として位置づけ，優秀な生徒を選別するための手段として使用している学校も存在する。このような学校では，通常高校1年生の終わりに審査があり，能力や意欲の点から規準を満たした生徒のみIBコースへのエントリーが許可される。Joslin（2006）の報告によれば，英国のある高校では，IBディプロマコースへのエントリー規準として，General Certificate of Secondary Education（中等教育修了資格試験）で「C」以上の成績を収めることを条件としており，より上位のIB上級レベル（Higher Level）コースへのエントリーを許可されるためには，より高い成績をおさめなければならない。このような運営形態は，学校内に特別のコースを設置していることから，School-within-school（学校内学校）と呼ばれることもある。IBコースの生徒とそうでない生徒の間に，あるいはIBを教える教員とそうでない教員との間に，心理的な壁が生まれないよう授業外の相互交流を増やすなど，何らかの配慮が必要であろう。また，このような運営形態をとる学校の中には，IBのアカデミックな側面が過度に強調され，国際教育の理念が形骸化されてしまっている場合もあるようである。IBコースを選択しない生徒やIBコースを直接教えない教職員も含めて，IBの国際教育の理念が学校全体で理解され実践されるよう取り組む必要があると思われる。

　Cタイプ（Modified Dual-Pathway school）の学校の運営形態は，Bタイプの運営形態を修

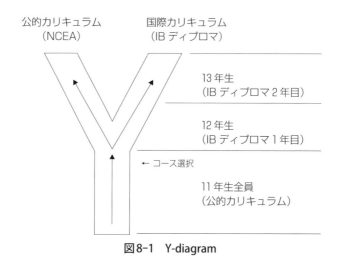

図8-1　Y-diagram

正したものである。前述の例でいえば，公的カリキュラムを選択した生徒と，IBを選択した生徒は高校2年生以降別々の教室で学習を行うが，外国語や芸術の授業など一部の授業については合同で行う。この形態は，筆者が行った調査では，IB認定校として認可されて間もない学校や，生徒数の少ない小規模の学校で実施されていた。公的カリキュラムとIBカリキュラムの要件を同時に満たす共通の授業を設定することで教員数や科目数を減らすことが可能となるため経営上のメリットが大きいことが特徴である。

　Dタイプ（Add-on school）の学校は，主にディプロマプログラムで行われているものであるが，生徒は，公的カリキュラムに加えてIBのカリキュラムを放課後や長期休業を使い「追加（Add-on）」で学習する。2つのカリキュラムを融合することなく，両方の学習内容をカバーしなければならないため生徒の負担は大変大きい。調査を行ったニュージーランドの高校の例では，1校のみこの形態でIBを運営していたが，校内でも最も優秀なごく少数の生徒，いわゆるCrème de la Crème（クリームの中でも最高のクリーム）の生徒に知的チャレンジを与え海外の超エリート大学への進学を可能とするために実施されていた。時間的にも負担が大きいため，この運用形態でディプロマを取得するのは大変難しい。現実的には，進学の際に付加価値をつける目的で，ディプロマではなく単一科目ごとに取得できるCertificateのみの取得をめざす場合に，この運営形態が実施されているように思われる。エリート大学への進学をめざすことのみが目的化し，全人教育としてのIBの本来の目的が見失われないよう配慮が必要であろう。

　Eタイプの学校（Integrated curriculum school）は，公教育とIB教育を融合させた形で教育を行う学校である。公的カリキュラムとIBカリキュラムの両方の要件に適合するように学校全体のカリキュラムを組織し直し独自のカリキュラムを提供する。学校側にとっては，公的カリキュラムとIBカリキュラムの整合性を保ち，両者の必要要件に沿ったカリキュラムにしなければならないため，当局との調整も含めてカリキュラム改変の労力は大変なものとなる。しかし，ひとたびその作業が軌道に乗れば，全員が統合されたカリキュラムのもと学習を進めることができるため，児童・生徒をコースによって隔てる必要もなく，またIB教員とそうでない教員の隔たりもないため，全教職員および児童・生徒が一丸となって国際教育の推進に取り組むことができる。日本の学習指導要領とIBのカリキュラムの共通点・相違点を徹底的に洗い出し，両者を統合したカリキュラムとして日本初のデュアルランゲージディプロマプログラムを開発した東京学芸大学附属国際中等教育学校の先進的な試みは，このタイプにあたるだろう。モデル校として，研究成果のさらなる普及が望まれる。

8.4　おわりに

　ここまで考察してきたように，教育プロバイダーとしてのIB機構が提供する国際教育の

枠組みと，Adoptor（受容者）としてのIB認定校が各学校で実際に実践しているカリキュラムは，どちらもIBではあるが，全く同じものであるとは限らない。IB機構が，教育の質を保障する国際教育の枠組みを提供しながら，実質的な各校のカリキュラムの内容や運営方法の在り方については各IB認定校の裁量に任せていることは，IB機構が各認定校のAdoptorとしての主体性に価値を置き，ローカルな文脈における教育イノベーションの担い手として積極的な役割を期待しているからではないだろうか。

　各認定校は，IBの示す国際教育の規準（グローバルスタンダード）を鏡として，これまでの自らの教育活動を全教職員で振り返り，相対化し，課題や問題点を発見し，IBのめざす学習者像の育成に向けて協力して学習環境を改善していくことが求められている。IBの導入とは，つまりは時代の新しい要請に合うように地域で展開されている学び（ローカルカリキュラム）を国際教育の観点から再文脈化し，よりよい，より平和な社会づくりというIBの掲げる理想に向けて学校教育全体を改善していく作業（Re-working）であると言っても過言ではないであろう。

　繰り返しになるが，IB機構が形式的カリキュラムとして提供する国際教育のフレームワークと，IB認定校が各学校で実際に実践している実質的なカリキュラムは，どちらもIBでありながら，全く同じものではない。また，同じ認定校であっても，IB導入の経緯や背景，運営方法，導入過程，教員や児童・生徒への影響はさまざまである。IB研究者においては，そのことをきちんと区別し認識したうえでIBについて論じる必要があるだろう。また，IB教員や研究者をめざす学生諸君にとっても，このことは大事な留意点であると感じている。

　本論考では，IB認定校におけるカリキュラム内容と運営形態の違いに着目しながら，IBの共通性と多様性について論じてきた。何らかの参考になれば，幸いである。

〔原　和久〕

【引用・参考文献】

Hara, K. (2011). Educational change beyond borders: International Baccalaureate in New Zealand (PhD Thesis). Auckland University of Technology.

Hill, I. (2006). Student types, school types and their combined influence on the development of intercultural understanding. *Journal of Research in International Education*, 5 (1), 5–33. doi:10.1177/1475240906061857

IBO. (2018). International Baccalaureate Organization homepage. Retrieved June 24, 2018, from http://www.ibo.org/

Joslin, P. (2006). *Motivation of HMC schools in England to introduce or reject the IB Diploma Programme* (EdD thesis). University of Bath, England. Retrieved from British Library Electoronic Theses Online Service (uk.bl.ethos.428430).

Rogers, E. (2003). *Diffusion of innovations* (5th ed.). New York, NY: The Free Press.

Wollons, R. L. (Ed.) (2000). *Kindergartens and cultures: The global diffusion of an idea*. New Haven, CT: Yale University Press.

第9章 Full IBインターナショナルスクールとの協働が一条校にもたらす教育効果[1]

——関西学院千里国際中等部・高等部の取り組み——

9.1 はじめに

外国人留学生らを対象に，受験も授業も英語で行う東京大学教養学部英語コース（PEAK）への合格者の入学辞退率が上昇し，7割近くが東大を蹴って外国の有力大に進学したことが少し前に話題になった。また，国内に目を向けると，東大をめざしていた生徒が，ハーバード大などに志望を変えるという現象も見受けられるようになってきた。いささか気持ちの悪い序列主義にも見えるが，これまでの偏差値ばかりが国内で大手を振っていた時代から比べれば良い変化なのかもしれない。しかし，このような動きが21世紀の日本において本物のグローバル化や国際競争力の向上に繋がるためには高校卒業までに真の基礎学力を身につけて，世界の中から本当に自分のめざす学びのある場所を見つけるだけの問題意識と経験をもった生徒を育てなければならない。本章では，1990年代からIB教育の趣旨を踏まえた展開を一条校で部分的にめざしてきた中高一貫校，関西学院千里国際中等部・高等部の取り組みを分析する。

まず，関西学院千里国際中等部・高等部の実践を紹介する意義を先に少し述べておこう。この学校が1991年4月に一期生を迎えた時，国内でIB教育を展開する一条校は存在しなかったが，国際バカロレア機構（IBO）と文部省間の接触は始まっていた。国内では教育者の間にもにわかにIB教育への関心が生まれ始めていた。少子化がはっきりと予想され，地域の私学からの反対意見も多いなか，同校が設置認可に至った理由の一つにはIB校である大阪インターナショナルスクールの併設がある。そのことが一条校の中等教育にどのような可能性，挑戦，試練をもたらすかに関して，官民問わず教育界や教育政策に関わる各方面から注目されていた。現在，国内で約30年にわたってその形態で教育を展開している例は他にない。設置以来，文部科学省や教育委員会，教育研究者のみならず，公立私立校からの視察を積極的に受け入れて来た同校のIB教育，その趣旨を踏まえた一条校での教育の可

---

1) 本章は，眞砂和典（2015）「特色ある私学をめざして57」公益社団法人私学経営研究会『私学経営』485号（2015年7月），11-20 をもとに，大幅加除修正のうえ掲載。

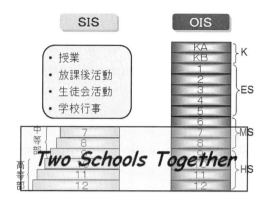

図9-1　関西学院千里国際中等部・高等部と大阪インターナショナルスクール

SIS：関西学院千里国際中・高の英語名Senri International Schoolの頭文字
OIS：Osaka International School　（大阪インターナショナルスクール）

能性や課題を見ることは多いに参考になるだろう。

　本章では同校の初代校長，歴代校長，その他管理職，国際バカロレア教務担当，教員，生徒，保護者へのインタビュー調査，同校にての筆者の勤務経験（1992年4月から2016年3月まで），また同校に関する研究記事等が主なソースとなっている。

　関西学院千里国際中・高（以下，SIS）と大阪インターナショナルスクール（以下，OIS）の生徒たちは，年齢別に一部の授業とほとんどの行事，課外活動を一緒に行っている。音楽，美術，体育や語学などのMYPやMYPの趣旨を踏まえた授業，一部DPの授業やCAS活動を共有している。両校の管理職会議や教員会議も一部合同で行われている。多文化環境の中で生まれる摩擦も多いが，教育の各側面でtogetherの度合いを常に調整することの面白さがあり，グローバル社会，国際社会の課題をどう乗り越えるか，その資質・能力は常に教員も生徒も向上する，と学校関係者は語る。

　IB教育と学習指導要領の教育の共存は一筋縄ではいかないが，部分的にIB教育を受ける生徒とフルDPを履修する生徒がいるこの私立学校や第1部で紹介された国立の東京学芸大学附属国際中等教育学校は多くの国内一条校の参考になってきた。

9.2　ふたつの学校——Two Schools Together——

　まず，この学校の設立の経緯をもう少し詳しく述べておく。1987年4月，臨時教育審議会第3次答申で「新国際学校」の設立が提唱された。「新国際学校」とは「帰国子女，外国人子女，一般の日本人子女がともに学ぶ学校」とされていた。東京都立国際高校もこの時にできた学校である。

　学校法人千里国際学園は，大阪府，箕面市，関西財界の大きな期待と支援を受けて1991

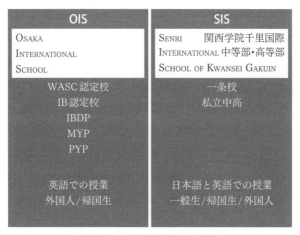

OIS	SIS
Osaka International School	Senri 関西学院千里国際 International 中等部・高等部 School of Kwansei Gakuin
WASC認定校 IB認定校 IBDP MYP PYP	一条校 私立中高
英語での授業 外国人/帰国生	日本語と英語での授業 一般生/帰国生/外国人

図9-2 Two School Together
ふたつの学校が一つのキャンパスに

年に設立された学校法人である。学校法人千里国際学園は，帰国生受け入れ校とインターナショナルスクールを併設する点では日本唯一の国際教育の場として誕生した。初代校長，歴代校長によると，世界各地で大きく異なる教育制度や教育環境を越えてグローバルに活躍している人々の子どもの教育を，リスクではなくチャンスに変えることができる学校として，世界から繋がる日本の教育，世界に繋がる日本の教育を実践することが目標であるという。

　2010年4月に関西学院と合併して，OISとSISは関西学院千里国際キャンパスのふたつの学校となった。この合併に至った経緯の一部もこのIB併設学校をここで詳しく取り上げる意義に繋がっている。関西学院大学は合併前の数年にわたり多数のSIS卒業生の一般入試，推薦入試，協定校入試による入学者を複数の学部において追跡調査をし，大学での成績などによって，それ以前の中高の教育を高く評価したとのことである。OISからの若干名の入学者も同様に追跡調査されていた。また，国内の他大学も同様にSIS，OISの教育に深い関心を示していたと合併に関わった当時の校長は言う。国内でIBが国策として大きく注目される以前に大学がこのようにIB教育，IBの趣旨を一部取り入れた学校を傘下に入れようとしていたことになる。この年は関西学院大学に国際学部が新設され，学院全体が国際化へと大きく動いた年であり，この合併もその政策の一つと言える。

9.2.1　関西学院千里国際中等部・高等部（SIS）の入試システム

　一条校における日本語と英語によるバイリンガル教育環境で帰国生と一般生がともに学ぶ関西学院千里国際中等部・高等部（SIS）の入試システムはどのようになっているのか。その特徴をみてみよう。

・学期ごとに編入可能な入学制度（学期完結制）

　年6回以上の入学試験を実施し，世界各地の教育制度や帰国時期に合わせた入学を可能にしている。また高校3年生の秋まで編入学を認めている。このようなシステムは今では国内の複数の学校で展開されているが，同校の初代校長の前職が帰国生教育の老舗であるICU高校の教頭であったことから，ICU高校のシステムを参考にしたことにも注目したい。

・欧米アジアの4都市で海外入試を実施

　受験のための一時帰国を必要としない海外入試の実施や，帰国後の入学をあらかじめ1年間保障し，急な帰国にいつでも対応していることは，併設IBインターナショナルスクールのrevolving admissions，つまり随時入学審査実施とも考え方は通じる。

9.2.2　Osaka International School of Kwansei Gakuin（OIS）の教育システムの特色

　日本在住の外国人生徒や国際的な生徒のためのOsaka International School of Kwansei Gakuin（OIS）の教育システムの主な特色は次の通りである。

・英語による教育を全生徒が受けるが，日本語は言語の習得（Language Acquisition）として教えられている
・随時入学を受け付け
・幼稚園から高校までの一貫した教育
・幼，小学校（PYP），中学校（MYP），高校（DP），各レベルでの国際バカロレア（IB）のカリキュラムのもと，全生徒がIB教育を受ける

9.2.3　ふたつの学校が共有するひとつのミッション

　一般生徒，帰国生徒，外国人生徒がそれぞれ，キャンパス全体の3分の1ずつ在籍する環境の中で，バランスの取れた国際性が育まれると校長は言う。在籍生徒や教員の過去の在住国は常に30か国を遥かに超えていることもこの環境に寄与していると強調する。学習面では音楽，美術，体育，英語などの授業を両校の生徒が一緒に受けている。これらを担当している教員は外国人であり，IBカリキュラムに沿って英語で授業を進めている。

　ふたつの学校はひとつのミッション（「知識と思いやりを持ち，創造力を駆使して世界に貢献する個人」）を共有しているが，これもIBのmission statementとの親和性が見受けられる。一般的にインターナショナルスクールは地域から隔離された学校になりがちだが，OIS（大阪インターナショナルスクール）がそうではないことは一条校併設によるものと校長は言う。学園祭，運動会などの学校行事，クラブ活動や生徒会はふたつの学校がほぼすべて一緒に

行っている。年4回のシーズンごとに種目が変わり，希望すればいろいろなスポーツを経験できる。日本文化に馴染んでいる生徒や保護者からは一つのスポーツや活動に没頭する良さの声も設立当初からあるようだが，インターの教

スポーツクラブはソウル，北京などのインターナショナルスクールでリーグを作っている。

両校は毎年2月に英語のミュージカルを上演している。

員から見ると，同じスポーツを3年，6年と続けるのは経験値を上げるという面で疑問が残る。

IB生徒はスポーツだけでなく，他の活動も同様にCASとしてカウントする。オールスクールプロダクションと呼ばれるミュージカル上演もその一つだ。舞台下ではオーケストラが生演奏をし，すべて英語での上演だが，日本語の字幕スーパーを付けてくれる生徒のIB CAS活動は外部や保護者などの観客のために不可欠と担当者は言う。

9.3 関西学院千里国際中等部・高等部（SIS）の教育効果

9.3.1 広い視点から見た「学力」

SISはこの環境の中でいろいろな成果を出しているが，まずは学習面でのデータから見てみよう。表9-1は2012年6月12日に大阪府の中学3年生4万5千人余りが受けた学力テストの結果である（最新のものは全国レベルで行われており，国語と数学は同じ傾向にあるが，英語のテストがないのでここでは取り上げない）。SISの平均点，大阪全体の平均点，そしてその差を示した。科目の種別はAが基礎でBは活用問題となっている。英語は総合問題だ。

まず注目したいのは国語と数学だ。基礎よりも活用の方がSISと大阪全体の平均点の差（太字）が大きくなっている。帰国生が多く，国語の漢字など基礎力は大阪の平均よりも9.5点しか高くないが，活用では22.2点高い。この学校がめざしている使える学力，言い換えれ

表9-1　2012年中学3年生の学力テストの各科目の平均点とその差

	SIS平均	大阪平均	差
国語A	75.6	66.1	+9.5
国語B	70.7	48.5	**+22.2**
数学A	78.3	66.7	+11.6
数学B	56.6	42.0	**+14.6**
英語	93.0	50.2	+42.8

※A（基礎問題），B（活用問題）

ば「生きる力」をつけている証拠になると校長は考えている。これはIB教育のreal life situationsにも通じる。

　次に英語の結果を見るとSISの平均が大阪全体より42.8点高くなっている。SISの最低点は70点であり，とても厳しい授業やIB Englishに非英語圏の帰国生徒や一般生徒もついてきていると校長は説明する。しかし，表9-2でもっと細かく，生徒の英語レベル別に平均点を調べるとさらに重大なことに気づかされる。

表9-2　英語のレベル別平均点

h+ レベル	h レベル	i レベル	s, s+ レベル
11名	10名	12名	35名
97.6点	95.7点	94.7点	90.2点

　同校の英語は4から5段階のレベルに分けて授業をしている。h+ はネイティブレベル（この生徒たちが大阪インターとIB英語の授業を共有している），h は英語による教育を4年以上受けていた帰国生が多くを占め，IBDP English Bを履修する生徒も多い。i レベルは数年間英語圏で学んだ者が多く，s, s+ は一般の日本の小学校で学んだ者、海外でも日本人学校からの生徒が中心だ。

　確かにレベルと平均点に相関関係はあるが，それぞれのレベルの生徒をよく知っている教員にとっては驚くべき結果だ。ネイティブと一般の生徒の差が7点程しかない。点数に上限がなければ，h+ は300点とか，h は230点とか取れるだけの英語力の差がある。つまり，このテストは英語が使える生徒にとっては力を十分に発揮できる場となっていないのだ。

　これと比較するのによいTOEFL–iBTの結果（図9-3）があるので見てみよう。これは大阪府の「実践的英語教育強化事業」で，SISの高校生250人中の希望者162人が受検した。やはり英語のレベル別平均点をグラフにしている。こちらは高校生が対象なので中学までs, s+ レベルだった生徒たちのほとんどはi レベルになっている。

　結果の図9-3をみてもらうとわかるように，これは高い英語力を試すには良い指標になっている。さらにTOEFL–iBTは英語の4技能 − Reading, Writing, Listening, Speakingを測れるだけでなく，コンピューターを使い，内容として問題解決・決定・意見表明能力と創造性が試される。そして分析的・批判的なアプローチも要求される。これらすべてはSISの各教科が授業を通して生徒に獲得してもらいたいと考えている力だ。

　大阪府の学力テストの英語とTOEFL–

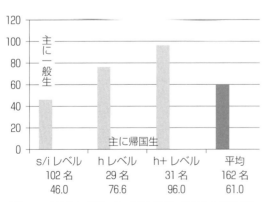

図9-3　TOEFL-iBT　レベル別平均点（120点満点）

iBTの結果を比べると，日本で行われている定期試験や実力試験，さらに言うならば入学試験でさえ英語力，英語での思考力を本当に測ることができているのだろうかと心配になる。例えば，英語に強い人，普段から英語に触れている人，留学しようと考えて努力している人たちは正当に評価されているのだろうか？　同じことが他の教科でも考えられる。目標が入学試験になってしまった場合に，それは世界のどこでも生き抜く学力を身につけたといえるのだろうか？　目標の設定や評価が正しくなければグローバルな人材を育てることは難しい。SISでは多くの教員がIBの公式ワークショップに参加し，併設するIBインターナショナ

図書館には日英の図書がそれぞれ3万冊以上あり，コンピューターの貸し出しはすっかり定着している。学内はどこでも無線LANが繋がり高校生は自分のデバイスをつないでリサーチやその他の課題をこなす。

ル校の教員や生徒と日々交流をする中で，設立当初から世界に通用する教育をめざしてきた。IBの学習者像や教育方法にも照らし合わせながら教育の中身を振り返っていると学校関係者は語る。

　日本国内では生徒，学生の学力不足がしばしば取り上げられている。偏差値による相対的な競争では周囲よりも上になれば「勝者」になったつもりでいられる。しかし，子どもの数が減っている状況は安易な「勝者」を生み出す。だから，絶対的な学力が落ちているということに内側からでは気がつきにくいのだ。

　日本の教育を立て直すために海外からの視点を用いるのは，単なるグローバル化というよりももっと本質的な必然性があると考えている。

9.3.2　学期完結制

　海外で学んだ生徒が日本に帰国してから必要なこととは何だろう？　どんな勉強をしたいのだろうか？　それはその生徒の将来とどのように繋がって行くのだろう？　海外で学んできたことを生かすにはどうすればいいのだろう？　こんなことを真剣に考えて，SISで学習システムを作ったら「学期完結制」（Term Course System）というものができたという。しかし，それは帰国生たちだけのためのものではない。一般生や高校在学中に留学を考えている生徒，さらに，いくつかの科目を一緒に勉強しているOIS（大阪インターナショナルスクール）の生徒たちにとっても都合がよい。そして，日本の学校に足りなかった自律的な学習を進めるよい方法であるということもわかってきたようだ。

　SISで採用している授業システム，学期完結制は、①学期完結制，②自由選択制，③無学年制，の3本の柱から成り立っている。

　①学期完結制

　学期完結制では1年に3回の新しいスタートがある。高等部では8月末に編入してきても，

12月でも，もちろん4月でも，編入生が在校生と一緒に新しい学習を一から始めることになる。途中からの参加ではない。数学を例にとって説明しよう。数学ⅠをⅠα，ⅠβとⅠγの3つに分け，どちらからでも始められる。同様に数学Ⅱをふたつに分けたⅡα，Ⅱβ，そして数学Aα，Aβ，数学Bという，主に高校2年間で学ぶ数学の科目は分割してすべて毎学期開講されている。これらどれもが1学期で完結する授業であり，全生徒が自分の進度に合わせて，どこからでも，いつからでも勉強できるようになっている。すべての授業の内容が書かれたシラバスがあり，授業担当者の名前もできる限り知らせるようにしている。授業を大切にし，個々の生徒の選択を尊重している姿勢の表れだといえよう。

②自由選択制

自由選択制を活用し，高等部の生徒たちは自分に必要な科目を組み合わせて1学期ごとに自分だけの時間割をつくる。これが帰国生にとってなめらかな学習の繋がりをもたらすことは十分に理解できる。さらに重要なのは選び取る能力を養うということだ。学期ごとに自分の学習を見つめ直し，それに連なる自分の将来をじっくりと考えながら学園生活を送るうちに，自分で自分の道を切り拓くという姿勢が育っていく。人に言われるまま，みんなと同じようにやっていれば無難に時が過ぎていくという，これまでの日本の学校や社会はもう行き詰まっている。教職員は，生徒たちが自分の将来を見つめ，自分で道を切り拓く力をつけるという方法を提示し，見守ることで生徒の将来に関わりたいと考えているようだ。個性豊かな，自立した生徒にとっては自然なことなのだろう。

③無学年制

海外校から来た生徒たちに最も適合する授業が1学年の枠に収まるはずがない。日本人学校や国内からの生徒たちも大変個性的だ。生徒一人ひとりの個性を生かすためには，学年の枠を外すという，無学年制が必要になる。幅広い選択肢の中から，取りたい授業を，取りたい時に，選ぶとしたら，それはもう横並びになるはずはない。同じ授業の隣の席に別の学年の生徒が座っているというのは一般の学校では非常に抵抗が大きいであろうが，SISでは日常の光景だ。多くの人々がこのシステムの意義を理解したからだろう。異質な他者との違いを認め，尊重し，受け入れ，学び合うというIBの理念はここでも生きている。この学校では授業以外でも学年を越えた交流が多く見られる。部活のように先輩後輩をそれほど強く意識しないで済む異年齢間の交流は兄弟姉妹が少なくなった現在では貴重な経験となるだろう。

このような授業システムによって帰国生が現地で苦しみながら身につけた力，自ら学ぶ姿勢や豊かな表現能力がさらに磨かれていく。これまで，日本の学校では積極性や自己主張は嫌われ，「おとなしく」みんなに合わせていくことを帰国生に強いる場合がしばしばあったが，SISでは帰国生や併設IB校から学ぼうという姿勢が開校以来ある。そして，これら帰国生が持ち帰る良さは日本の教育改革がめざしている方向と合致している。

9.3.3 多くのIB校でも見られる少人数教育

　自ら学ぶ姿勢をサポートするという意味で，きめ細かな指導をするためにSISが取り入れてきたのが少人数教育だ。しかし手取り足取り，世話を焼くのとは反対の思想だ。ホームルームも授業も二十数人までとなっている。教室自体がそのように小さく作られている。数名で行うクラスもあるので，授業の平均生徒数は18人といったところだ。こうなると生徒は受身ではいられない。教員は少人数の利点を生かした授業を展開するからだ。討論，論文，実験，観察を重視した授業によって基礎学力を確認しながら，表現力を引き出すことも重視される。生徒の負担は少なくない。十分に絞られる。校則などで押さえつけられることはあまりないが，学習では覚悟しなければならない。だから，授業の量も自分で調整できるようになっている。これも学期完結制の特徴だ。

9.3.4 IB研究校とスーパーグローバルハイスクール

　関西学院千里国際中等部・高等部（SIS）は2015年3月まで3年度にわたり，IB（国際バカロレア）研究校として文部科学省の指定を受けてきた。筆者もこの研究に中心的に関わってきた。国内外のIB校を調査し，専任教員の7割ほどが3日間のIBワークショップに参加し，また日本語Dual Language科目の導入やカリキュラムの研究を行った。これらの成果は日々の授業に反映されている。また，SISに在籍しながらOISのIBDP（ディプロマ・プログラム）を共有してIBDPのフルディプロマ取得が可能となった。

　2015年4月からはスーパーグローバルハイスクール（SGH）に認定され，国内外でのフィールドワークを伴う論文作成指導を大学とも連携して行い，IBの拡大も計画している。IBDPのExtended Essay（課題論文）の指導経験をもつ教員もSGHに関わった。また，SGHでは「レジリエンス」という言葉がキーワードになる。構想名は「高い国際性を有するレジリエンスに富むグローバルリーダーの育成」とした。筆者がこれまで参加してきた会議，例えば中教審の「高等学校教育部会」などでも，グローバルな人材は口先ばかりが達者で辛抱強さや粘り強さに欠けるという見方が多くあった。このような偏見が日本のグローバル化にブレーキをかけているように感じてきた。着実な実践の取り組みによって，世界のどこにいても粘り強く，地道に努力を続けることのできる生徒を育てていくべきだと考えている。

　SGHとなったSISでは，具体的な実践として目下、2つの計画を行っている。

（1）「グローバル課題研究」は全員必修の基本となる
　約30年前の開校以来，現代社会の「比較文化」という授業で高校1年時に高校生としてはかなり高度な年間レポートや一人で30分以上かける発表を課してきた。しかし，内容は

社会科学的なレポートに偏りがちであったので，これを複数の教科担当者によって「知の探究」という科目に発展させ，自然科学や人文科学にも応用できる研究論文の作成基礎を学ぶ。2年次にかけて関西学院大学の教員等の専門家の講義やSIS独自の自由な学期ごとの授業選択で各生徒の興味を引く分野を見つけていく。課題が決まりその分野の各担当教員と相談しながらリサーチクエスチョンを作り，2年，3年次の長期休暇等を利用して国内外のフィールドワークに出かける。これまでも夏の7週間ほどの休暇を利用して高校卒業までには半数以上の生徒が海外の短期留学を果たし，1割以上の生徒が1年間の留学をしてきたが，これにフィールドワークという目的も加えて日本から出ていくことになる。IBDP生徒はこの研究を課題論文に活かすこともできる。

　関西学院大学は「実践型グローバル・世界市民育成プログラム」を立ち上げ，2014度から文部科学省「スーパーグローバル大学創成支援」の採択をうけている。この先進的な取り組みの経験は大学の教職員を通して千里国際キャンパスにも大きな恩恵をもたらしてきた。一方，高等部卒業生の半数ほどが院内推薦によって進学するが，その時にはIBの趣旨を踏まえた教育，フルIBDP履修やSGHで培った課題研究能力やリーダーシップを発揮して大学のプログラムの中でも先導的な役割を果たしているという。また，関西学院大学の教員や大学院生は，各生徒が自分の課題を見つけるための幅広い単発の講義だけでなく，論文を仕上げる段階での助言も行う。大学でのゼミや理工学部などの研究室に生徒が自らの研究のために訪ねる機会をもつこともできる。

　大学からは個別に生徒の研究をサポート・アドバイスする体制を整えてもらい，SISからは教員集団がそれぞれの専門分野を活かしながら，系統的な教育を進めている。言語については国語科の小論文指導，帰国生への基礎国語の指導，そして大阪インターの日本語教育の共有という開校以来の経験がある。また，英語力についてはキャンパスの日英バイリンガル環境による生徒の高いモチベーションが大きな成果を出している。IB教育でも重視されるアカデミック・インテグリティについては国内の各大学でも取り上げつつあるが，高校段階からしっかりと対応している。

（2）IB授業履修の可能性を拡大する

　IB研究校としての成果を踏まえて，IBフルディプロマ取得を拡大する。これまでは英語ネイティブの生徒だけに開かれてきたIBDPに，日本語Dual Language科目を導入したり，第二外国語としての英語の授業を充実させたりすることによって，より多くの生徒がIBフルディプロマを取得できるようになる。また，科目ごとの認定を活用して部分的なIB科目の学習をできるようにすれば，さらに多くの生徒がIBの経験を積むことになる。

　IBは明確なカリキュラムの思想をもっている。世界平和に貢献できる積極的で主体的な学生を育てるために，創造性とボランティア精神に富む行動力を求め，高校生としては完成度の高い論文を書き，プレゼンテーションができることを要求する。その基礎としてバランスの取れた広範囲の教科学習を全員に課す。だから，結果としてIBのDPに限ってはカリキュラムの柔軟性は少ないと言われることもある。対照的に関西学院千里国際中等部・高等部（SIS）でのIBやその他の教育システムを取り入れた学期完結制は大変自由なシステムといえるのではないか。学期ごとに生徒が必要な時間割を組めるような柔軟性があるからこそSISの高校生が2年間のIBDPを取り入れることができるシステムを既存のカリキュラム内で作れたのだといえよう。筆者は本章の調査からも，長年のIBDP教員経験からも，誰もがIBDPに向いている，もしくはすべき，とは思わない。だが，IBDPを幅広い選択枝のひとつとして生徒に提供することには大きな価値がある。またその選択肢が校内に存在することで，IB以外の授業にも大きなプラスの示唆が生まれるのだ。生徒たちがさまざまな経験を積み，考えながら選び取る実体験の中で，新しい価値観の創造から実行へと進んでいけるようになってもらいたい。

［眞砂 和典］

第10章 課題探究の手法としてのディベート教育

10.1 はじめに

　2020年から実施される高校の学習指導要領では，これまでの教育で思考力，判断力，表現力を育む授業が十分できていないということから，学習者が討論などを通じて能動的に学習する「主体的・対話的で深い学び（アクティブ・ラーニング）」の導入と，総合学習の装いも変えて「総合的な探究の時間」に変わり，「理数探究」などIBをモデルにしたと思われる探究型教育の導入がその柱である。

　この章では，IBとは異なる観点で，ディベートの手法を用いた課題探究の方法を紹介したい。なお，以下に紹介するのは，都留文科大学国際教育学科で筆者の担当する共創セミナー（基礎ゼミ）での実践をもとにしている。1年生前期に開講される講座で，大学での学問をするうえで必要となる探究の仕方や仮説の立て方，立証および検証方法，レポートの書き方やプレゼンの仕方など基礎的なアカデミック・スキルズを学ぶという趣旨のコースである。ほとんどディベートの経験はない学生9名を対象に行われたものだが，1クラス40名程度の高校の授業でも実践可能な方法として紹介したい。

10.2 テーマ設定

10.2.1 テーマの選択

　まず現代の社会におけるさまざまな問題の中から，学生たち自身の興味のある問題をいくつか挙げてもらった。これは，学生が自ら問題を選ぶことで，探究意欲をもたせるためである。科目によっては，教員から統一テーマを示したり，複数候補を示して学生に選択させる方法もあるが，この講座では，例として問題の一覧を示し，その中から選ぶか，そこにないものでも自由に挙げさせた。問題の一覧表は以下の通りである。

表10-1　問題領域の例

No.	区分	内容
1	環境	自然破壊，ヒートアイランド，ゴミ問題，放射能問題，生物多様性，地球温暖化，気候変動，異常気象，CO_2排出
2	教育	待機児童，学級崩壊，途上国女子教育，識字率問題，ニート問題，子育て・育児
3	文化	文化財保護，スポーツ支援，伝統文化継承，日本文化発信，後継者問題
4	経済	所得格差，貧困，途上国支援，ブラック企業問題，密猟，タックスヘイブン，インフラ老朽化，大量生産・大量消費，雇用
5	倫理	動物保護，フェアトレード（公正取引），企業倫理，ブラック企業問題，コンプライアンス，エシカルファッション，安楽死，代理出産，自殺，窃盗被害，腐敗防止，反競争的行為，コンプライアンス
6	人権	虐待・暴力，ダイバーシティ，ハラスメント，マイノリティ受容，障がい者雇用，家庭内問題，片親支援，ホームレス支援，LGBT支援，人身売買，先住民保護
7	労働	長時間労働，女性活躍推進，過労死，ワークライフバランス，女性リーダー育成，非正規雇用，強制労働・児童労働，ワーキングプア，労働安全衛生
8	人口	晩婚化，未婚化，高齢社会，人口増加，人口減少，移民受入れ，事業後継者問題，地域消滅
9	医療	介護問題，老老介護，医療格差，早期検査推進，セーフティネット問題，生活習慣病，薬物依存，公衆衛生
10	地域	病児保育，NPO支援，被災地支援，ボランティア活動，公共政策
11	資源	電力自由化，レアメタル，資源の枯渇，原子力，自然エネルギー，紛争鉱物，水問題
12	安全	防災・減災，個人情報保護，低年齢犯罪，性犯罪，詐欺，自然災害，戦争，ネットセキュリティ
13	食糧	食の安全，食品廃棄，農業，干ばつ，飢餓，食品偽装，異物混入問題

10.2.2　テーマの設定

問題例の一覧表をもとに自由に意見を出してもらい，テーマを集約した結果，外国人労働者，育児休業，ジェンダーの問題の3つに絞られた。次にそれらの争点を明確にする形でテーマ設定を行った。

その結果，

(1) 日本は，（単純労働を含む）外国人労働者を大幅に受け入れるべし

(2) 日本は，男性の育児休業取得を義務化すべし

(3) 日本は，同性婚を合法化すべし

となった。学生の興味に応じてグループ分けしたところ，(1) 4人，(2) 2人，(3) 3人となった。ディベートは，最低1対1の2人でできるが，グループの場合，人数が多すぎても準備や試合がやりづらいため，最大限6〜7名にとどめた方が良いと思われる。

10.3 　調　　査

　各人のテーマが決定した後，次の授業までに，図書館で最低1冊本を借りて可能な限り読んでくることと，ネットでそれぞれの問題を調べてくることを課題とした。その際に，ただ漠然と調べるのではなく，まず現状がどうなっているか，ということや，何が問題なのか，を探るように伝え，次の授業では，借りた本を持参し，読んだ内容やネットで調べたことを各自発表してもらった。

表10-2　リサーチ・シート

[論題：日本は男性の育児休業取得を義務化するべし]
1　各国の育休に関する歴史的背景と現状
　　100　スウェーデン（1999年に父親専用の育休が法的につくられた。1年4ヶ月の育休を自由に取得可能。）
　　110　ノルウェー（1993年のパパ・クォーター制度導入以降，育休取得率が90%越え。給料の80～90%が給与される。）
　　120　ドイツ（2006年の両親手当より，育休中も給料の67%を受け取れることに。その結果，27.8%にまで伸びた。）
　　130　日本　（2016年10月厚生労働省がパパ・クォーター制度の導入を検討。）
2　日本の育休の現状
　　200　男性の育休取得率→2.65%（2015）
　　210　育休期間→1年6ヶ月（最長）
　　220　育休の規定がある事業所割合→男性 78.2%（2015）
3　争点（1）女性への負担
　　300　育児による退職率→7.2%（2015）
　　310　病・事件の割合→ストレスを感じる：8割半（日本労働組合連合会）
　　320　復職率→92.8%（2015）
　　330　ストレス→配偶者の家事・育児非協力 約45%，時間不足 69%，睡眠不足 59%（働くマザーのストレス報告書）
4　争点（2）男性が育休を取得することにより起こる働き先への影響
　　400　有給制度→○有 15.2%，○無 84.8%（2015）
　　410　定期昇給→時期昇給 23.6%，復職後 16.7%，復職後持ち越し 27.7%
5　争点（3）夫婦のライフスタイル
　　500　共働き率→共働き世帯1114，男性雇用者と専業主婦世帯687（2015）
　　510　生活時間→余暇，家事・育児の時間 共働きの妻 9h，専業主婦 13h，旦那は変わらない（2004）
　　520　男性の育児参加率→43.7%（1999）
　　530　男性の育児参加の割合が低い理由→No.1 仕事で時間がない　67.5%
　　　　　No.2 育児は女性の仕事　31.8%　　　No.3 行政支援が少ない　29.3%
6　政策
　　600　育児休業制度（法改正による義務化）
　　610　有給制度
　　620　休業期間
7　関係法規
　　700　パパ・クォーター制度→育休の一定期間をパパに割り当てる制度。
　　710　両親手当→ドイツで2006～，給与の67%の給付を受け取れる。
8　予測不利益への反論
　　800　育休取得しても育児をしない男性もいる（←現状でも変わらない）

その後，調査を続けるにあたり，問題の背景や，日本や外国の現状，問題点などを網羅するためのリサーチ・シートのサンプルを示し，テーマ毎のグループに分かれて，各項目，特に争点を考えられるだけ挙げてもらった。何度かフィードバックをして，一応の形になったものを表10-2に掲げる。ただし，これはリサーチ・シートを作ることが目的ではなく，あくまでリサーチの目安として作るもので，議論を考えながら，項目を追加したり，修正したりを繰り返すので，完成するものというより，その時点，その時点での仮のものという性格をもっている。目的はあくまで各項目に沿った情報収集である。また，表10-2のように，数値データを入れておくと問題領域全体がより具体的になりわかりやすくなる（表中の3桁の数字は，500-1，500-2のように各項目の証拠資料のファイリングに用いる）。

10.4　議論の構築

　次に，肯定側（現状変革側）の立論の作成段階に入る。中・高生のディベートでは，メリットとデメリットを戦わせるやり方（比較優位型議論）が多いが，ここではオーソドックスな問題解決型で立論を作成していく。ディベートでは，問題があるということでは不十分で，問題が深刻であると証明して始めて立論として有効になる。そのため，主なポイントとしては，1）問題の深刻性（弊害），2）問題の原因，3）（原因を取り除く）政策，4）（問題解決の裏返しとしての）メリット，という4つで，一貫した論理を構築しなくてはならない。

表10-3　問題分析のロジック・チャート

論題「男性の育児休業を義務化すべし」

弊害　1．女性への過度の子育て負担による精神的・肉体的なダメージ
　　　2．出産・子育てのために女性が退職せざるをえなくなる
　↑
問題　男女共同参画社会が実現していない
　↑
原因　男性の育休取得が難しい
　↓
政策　1．男性職員に育休取得を義務づける
　　　2．期間は子供が6歳になるまでに最大2年間取れる
　　　3．給料は1年までは100％支給，その後2年までは60％支給する
利益　1．社員と家族の幸福感が向上する
　　　2．少子化が緩和される

10.4.1　証拠資料と立証のポイント

ディベートでは，肯定側が現状変革の必要性を立証する責任（立証責任）があり，否定側がその立証を崩す反証責任がある。変革案と現状の政策の優位性を巡って議論が交わされるが，肯定・否定の双方が証明・反証すべき５つの点があり基本争点（Five stock issues）と呼ばれる。問題解決型議論の場合は，以下の５点である（プランとメリットのみの比較優位型の議論もある）。

①問題の深刻性
②問題と原因の因果関係（内因性）
③政策（プラン）の実行可能性
④プランの問題解決力
⑤メリットとデメリットの比較

証拠資料を集める場合，無闇に集めるのではなく，この基本争点に沿って，肯定・否定の両面から集める。肯定側の場合は，「何を，どこまで証明できるか」を考えながら，否定側は「肯定側がこういう議論で来たら，どう反論するか」を考えながら，特に数値の入ったデータを中心に集めていく。専門家の意見も証拠資料にはなるが，専門家の意見に沿って議論を組み立てるのではなく，あくまでも自分の頭で，ロジック・チャートに沿って議論を構築し，その補強材料としてデータを用いる，ということである。

５つの基本争点のうち，特に大事なのが，「問題はどの程度深刻なのか」であり，もう一つは，その裏返しでもあるが，「メリットはどの程度大きいのか」である。その点が証明できなければ，そもそも立論自体が成立しないので，準備の段階では，その２点の証拠資料があるか，（あるとしても）どこまで証明できるのか，を教員が何度も質問したり，十分に答えられなければ，さらなるデータ収集を促すことになる。

証拠資料は，出典や出版日等を明記して，以下のような形式で，リサーチシートの各項目，特に基本争点に沿って，何枚も集めることになる。ネットから数多くのデータが手軽に収集できるが，大事なのは数ではなく，その質であり，重要なデータをいかに集めるか

表10-4　エビデンス・カード

320-1「男女共同参画白書2016」厚生労働省，2016年7月26日発行
（引用開始）所得期間別育児休業後復職者割合の表において，育休の期間が長くなるにつれて復職者の割合が減少している傾向が見られる。最も割合の高い所得期間が10-12ヶ月未満で，育休取得者で復職した者の割合は31.1％，それ以上期間が延びると復職者の割合が減少している。（引用終了）
（調査：2014年4月1日から2015年3月31日）
http://www.mhlw.go.jp/toukei/list/dl/71-27-07.pdf

である。基本争点の中でも，問題の深刻性やメリットの重要性，それらへの否定側からの反論等のデータが大事になるが，立論で証明するにとどまらず，反駁で相手の反論に再反論したり，議論を伸ばしていくためにも，各議論に複数枚のエビデンス・カードが必要になる。

　データを多数集めても，必要なときにすぐにデータを提示できなければいけないため，あらかじめ重要データに目星をつけて，いつでも使う準備をしておかなくてはならない。それには，証拠資料（エビデンス・カード）を項目毎に分類しておいたり，内容が一目でわかるように見出しをつけておくことも有用である。

　また，エビデンスだけを続けざまに読んでスピーチをするのは，エビデンスに頼りすぎるので良くない。以下のような，一つの議論の組み立ての中で，自分たちの主張のあくまで補強材料として用いるべきである。それと，証拠資料を引用して終わりとしないで，それから何が言えるか，何を言いたいかを基本争点に照らして，きちんと結論を言うことが大切である。

表10-5　エリアの法則

証拠資料を使った議論の提示の仕方：AREA（エリア）の法則
①　主張（Assertion）：反論しようとする相手側の議論を述べる。
「否定側はメリット1に対して，現状でも育休取得が増えていると主張しています。」
②　反論（Refutation）：主張または反論の理由を述べる。
「しかし，育休取得後の復職者の割合は低下しています。」
③　証明（Evidence）：証拠資料の引用をして証明する。
「男女共同参画白書2016年版によりますと，引用開始，『～』，引用終了，とあります。」
④　主張（Assertion）：自分たちの主張や結論を述べる。
「育休義務化による復職保証のメリットは現状では得られず，肯定側プランによるメリットの重要性は成立しています。」

10.4.2　反証のポイント

　否定側からは，やはり基本争点に沿って反証していく。そのポイントは，以下の5つである。

① 問題の深刻性が無い（深刻性）
② 問題と原因の因果関係が無い（原因は他にある），もしくは現状でも原因は除去できる（内因性）
③ プランは現実に実行できない（実行可能性）
④ プランでは問題が解決できない（問題解決力）
⑤ より深刻なデメリットが生じ，メリットを上回る（デメリットとメリットの比較）

通常，ディベート大会では，肯定側か否定側かを試合直前にくじ引き等で決めるため，どちらの側に立っても良いように両方の準備をしなくてはならない。授業では，時間的な制約や準備の便宜を考えて，あらかじめ立場を決めておくこともよくあるが，その場合でも，相手の議論を想定していかないといけないので，基本的には両側から考え，準備をすることになる。

表10-3の男性への育休取得義務化の議論を例に取ると，

1) 「女性への過度の子育て負担による精神的・肉体的なダメージ」とは，どの程度のダメージが，何人くらいにあり，それがどの程度深刻なのか，といった点を，まず反対尋問で質問し，それらが具体的に証明されていなければ，それをその後のスピーチで指摘したり，逆に深刻な問題は無いという証明ができれば証拠資料を提示し反証していくことになる。

2) 「出産・子育てのために女性が退職せざるをえなくなる」に関しても，同様に，それが何人くらいいるのか，深刻性を検証するとともに，それは男性が育休を取らないことに起因しているのか，その因果関係も検証していく。

3) プランに関しては，男性が育休を取りづらい原因は，仕事に穴を開けることになり同僚に負担をかけるとか，出世に影響するとか，育休中の給料保証が企業の負担になるとかといったことである，などと別の原因を指摘し，証明していく。そして，これらを解消しない限り，一律にすべての企業で，男性に育児休業取得を義務づけても実行不可能である，とその実行可能性に反論していく。

4) プランの問題解決力については，例えば，男性に育休を強制的に取得させても，育児をするとは限らず，趣味に時間を費やすこともありうる，などという例を出したり，多くの女性が，夫に育休を取ってほしくないと言っているデータ（これは実際にある）を出して，そもそも仕事をやめた多くの女性は，本人の意思であり，夫に育児をそもそも期待していないから，必ずしも女性の過剰な育児負担は解消せず，女性の退職も防ぐことはできない，などと反論を展開していく。

5) メリットに関しては，問題が解決しない限り，生じることはなく，「社員と家族の幸福感が向上する」は，逆に夫が家にいてほしくない家庭には幸福感は向上しないし，「少子化が緩和される」に関しては，なぜ男性に育休を義務づけるだけで少子化が緩和されるのか，そのプロセスの証明も無く，どの程度緩和するのかの重要性に関する証明も無い，と指摘したうえで，男性の育休取得で，企業の負担が増すというデータ（既存の数値や，プランの数値を使って，試算して良い）を出して，デメリットの証明とする。また，夫の育休を望まない家庭は，幸福感が下がり，夫の仕事のしわ寄せが職場の同僚にいき，出世にも悪影響がある，といったデメリットにつなげることも可能であろう。メリットと比較するには，数値的な差が出せれば一番良いが，メリットと正反対のデメリットが出

せれば，比較もしやすくなる（「社員と家庭の幸福感が低下する」「少子化が進んでしまう」というように）。ディベートにおいては，現状変革の立証責任は肯定側にあるが，デメリットの立証責任は否定側にあるため，デメリットがどの程度深刻なのか（深刻性），どのようにプランから生じるのか（発生過程），肯定側のプランに固有のもので現状では生じないのか（固有性，内因性）といった点を否定側が証明できなければ，成立はしないことになる。

10.5 試合とまとめの活動

数週間程度の準備期間の後，試合ということになるが，形式，時間，人数等は，その場の状況次第で自由に設定できる。40人のクラスであれば，半分に分けて，機械的に，肯定・否定と分けて，一人1分間ずつ交互に前に出て，スピーチをすれば50分授業で行うこともできる。もう少し時間があれば，5〜6人ずつのグループに分け，肯定・否定をあらかじめ決めておいて，2チームずつ，何回かの授業に分けて試合を数試合行い，試合をしている人以外は全員審査にまわれば，毎回全員参加でできる。ちなみに，筆者の基礎ゼミでは，以下のような形式で行った。

表10-6　ディベートの試合形式（例）

肯定側立論	4分
否定側反対尋問	4分
否定側立論	4分
肯定側反対尋問	4分
否定側第一反駁	3分
肯定側第一反駁	3分
否定側第二反駁	3分
肯定側第二反駁	3分

両チームの人数は同数が望ましいが，奇数の場合，2対1などの場合もある。人数が多い方が必ずしも有利というわけではなく，一人の方が議論の統一性に関してなどは有利な点もある。通常は，試合後に，①どちらが合理的な説得力があったか，②メリットとデメリットのどちらが大きいか，③基本争点のうちどちらがより多くの点で有利であったか，などのいずれかの方法で判定を出す。

しかし，探求を目的としている場合は，必ずしも判定を出す必要はなく，試合で出た議論や疑問点をもとに，さらなる探究をさせるといった，探究課題発見のためのディベートであってもかまわない。基礎ゼミでは，1試合終了後に，肯定・否定の立場を入れ替えて，準備期間を少しおいた後に，もう1試合を各テーマで行ったが，どちらも判定はあえて出さなかった。それにより，試合の勝ち負けに焦点をあてるのではなく，両面から問題全体を俯瞰し，一面的な見方では気づかなかった新たな視点をもたせ，より深い問題理解につなげることが可能になる。また，ディベート後には，論理，データ，合理性といった観点からこぼれ落ちてしまった要素，例えば，同性婚の場合であったら，人間の偏見や差別意識といった数値化しにくい問題を拾い上げ，ディスカッションをすることにより，さらなる探究につなげることができる。ディベートとは，相反する

両面から問題の本質を探り，より合理的な解決策を探究する手法であるが，学問上の課題探求をする際にも有用であり，クリティカル・シンキング，問題解決力や論理力を養うこともできる。

　ディベートは，クリティカル・シンキング養成を主要な目的の一つとするIB教育とも親和性の高い手法である。実際，IB教員養成コースのあるカナダのUniversity of British Columbiaを訪問した際，ディベートの経験者（チャンピオン・ディベーター）がIB教員として活躍している話を聞き，傍証を得た気がした。議論を通じた探究型の学習として，コミュニケーション教育や21世紀型教育の柱の一つともなり得る手法であろう。

［茂木　秀昭］

参考資料　立論ワークシート

論題　日本は，外国人労働者を大幅に受け入れるべきである
〈肯定側立論のポイント（参考）〉
ゴール（または哲学）：何のために外国人労働者を受け入れるのか，受け入れ
後の目標や，理想的な国家のあり方など肯定側の基本的な考え方を述べる。
定義：論題（および立論の中）で使われるキーワードの意味を明らかにし，議論
　　　の領域を設定する。　外国人労働者＝
論点1：現状の問題点を述べる（深刻性をデータで証明する）
ポイントa)
ポイントb)
論点2：現状のままでは問題が解決しない事を述べる（内因性）
ポイントa)
ポイント b)
プラン：実行可能性・問題解決能力（メリットを生むか）も証明（説明）する
1.（外国人労働者受け入れのための法改正）
2.（受け入れ人数枠？）
3.（受け入れ分野？）
4.（受け入れ年限？）
5.（その他，デメリットを防ぐプラン等）
メリット：プランを実行することによって生まれる利益を示す。
1.（日本の経済に関して？）
2.（日本の国・人・社会に関して？）
3.（相手国に対して，または国際的な観点から）

〈あるいは，プランから始めて，メリットを大きく出す〉
メリット1 _____
　　　　　（重要性）
　　　　　（発生過程）

メリット2 ＿＿＿＿＿＿＿＿＿＿＿＿＿＿＿

　　　　　（重要性）

　　　　　（発生過程）

＊ 最終的にメリットがデメリットを上回ることを訴える。

〈否定側立論のポイント〉

基本的立場（または哲学）：ゴールに対する立場を明らかにしたり，現状を正当化するような理念や否定側の基本的な考え方を述べる。

　（1．ゴールは現状のままで達成できる，2．ゴールは既に達成されている，3．ゴールは肯定側の提案では達成できない，等いずれかの立場を取る）

定義：肯定側の定義が非常識なものでない限り，肯定側の定義に従って議論を進める。

反論1：（問題の深刻性や原因に関する反論）

ポイントa）

ポイントb）

反論2：（問題解決に関する現状の優位性を訴える）

ポイントa）

ポイントb）

プラン検証：肯定側のプランの実行可能性，問題解決能力に関して，反証したり，証明（説明）を求める。

1．

2．

デメリット：プランを実行することによって生じる新たな弊害，不利益を示す

量的・質的な意義・重要性，発生過程などを証明（説明）。

1．

2．

〈肯定側がプランとメリット中心の立論をした場合，プラン検証とデメリット中心の立論をする〉

デメリット1 ＿＿＿＿＿＿＿＿＿＿＿＿＿＿＿＿＿＿＿＿

　　　　　（重要性）

　　　　　（発生過程）

デメリット2 ＿＿＿＿＿＿＿＿＿＿＿＿＿＿＿＿＿＿＿＿

　　　　　（重要性）

　　　　　（発生過程）

＊ 最終的にメリットよりデメリットのほうが上回ることを訴える。

〈デメリットも，既存データを用いたり，試算をして定量化する〉

第11章 多様な教育学諸理論・哲学に支えられたIBプログラム

11.1 はじめに

　本章の目的は，IBプログラムがいかなる教育学理論や哲学に支えられているのか，具体的な教育学理論や哲学を明らかにすることである。

　こうした目的を設定した理由は，学習指導要領もそうであるが，IB実践者のみなさんが，International Baccalaureate Resources for schools in Japanなどを参照しながら，多忙な日々の中で実践に取り組まれている姿を拝見し，頭がさがるとともに，その実践の背景にあるすぐれた理論や哲学にふれる機会が多くないと見受けられたからである。あらためてすぐれた理論や哲学にふれたとき，これまでのIB実践を実践知や経験則として蓄積するだけでなく，IB実践を拡張・深化させてゆく意義や意味に気づかれるのではないだろうか。

　また，これまで研究的実践者であり，実践的研究者として実践・研究—社会科教育・「帰国子女」教育・国際理解教育・消費者教育・環境教育・シティズンシップ教育・学校図書館活用教育・持続可能な開発のための教育（ESD）等—に関わってきた筆者が得た知見として，IBプログラムが単に新しさだけではなく，Education/教育の本質的根源を問い直す絶好の機会となるカリキュラムであると認識してきたからである。

　さらに，新しい小学校・中学校・高等学校・特別支援学校学習指導要領が2017・18年に告示される前，中央教育審議会が答申を出しているが，その答申は，文部科学大臣からの諮問に対する応答として存在する。今次の学習指導要領の元をたどると，下村博文文部科学大臣による「初等中等教育における教育課程の基準等の在り方について（諮問）」（平成26年11月20日）まで遡るが，そこに「新しい時代に必要となる資質・能力の育成に関連して，これまでも，例えば，OECDが提唱するキー・コンピテンシーの育成に関する取組や，論理的思考力や表現力，探究心等を備えた人間育成を目指す国際バカロレアのカリキュラム，ユネスコが提唱する持続可能な開発のための教育（ESD）などの取組が実施されています。さらに，未曾有（みぞう）の大災害となった東日本大震災における困難を克服するなかで，さまざまな現実的課題と関わりながら，被災地の復興と安全で安心な地域づくりを図るとともに，日本の未来を考えていこうとする新しい教育の取組も芽生えています」と

あった。

そして，国際バカロレアは，地球・地域規模で展開するOECDのTHE FUTURE OF EDUCATION AND SKILLS Education2030（2018年改訂），また，ユネスコを中心とした Education for Sustainable Development／Global Action Programme（ESD／GAP）や省庁 を超えたSustainable Development Goals2030（SDGs）への取り組みが展開し，Post3.11東 日本大震災・原発事故（2011年）以降の安全教育・防災教育などを通してサスティナブル な未来社会を構築するための教育，そして，今次の学習指導要領（Course of study；COS） などとともに在る。

これらのカリキュラムに通底する「ある事柄に関する知識の伝達だけに偏らず，学ぶこ とと社会とのつながりをより意識した教育を行い，子供たちがそうした教育のプロセスを 通じて，基礎的な知識・技能を習得するとともに，実社会や実生活の中でそれらを活用し ながら，自ら課題を発見し，その解決に向けて主体的・協働的に探究し，学びの成果等を 表現し，更に実践に生かしていけるようにすることが重要であるという視点」（前掲諮問） である。

以下，IBプログラムの，こうした認識の背景にある教育学諸理論や哲学を読み解いていく。

11.2 　理解をもたらすカリキュラムデザインの理論

11.2.1 　背景としての教育学諸理論の概観

まず，IBプログラムが如何なる教育学理論を背景にもつカリキュラムであるのか，概観 する。

『MYP：原則から実践へ』の「参考文献と推奨される関連文献」には，以下のような教 育学諸理論に関する文献が挙がっている。

・Bateson, G. 1972. *Steps to an Ecology of Mind: Collected Essays in Anthropology, Psychiatry, Evolution, and Epistemology.* Chicago, Illinois, USA. University Of Chicago Press.（『精神の生態学』のベイトソン）

・Bloom, E.（ed）, Engelhart, M.D., Furst, E.J., Hill, W.H. and Krathwohl, D.R.（1956）. *Taxonomy of Educational Objectives: The Classification of Educational Goals, Handbook I: Cognitive Domain.* New York, USA. David McKay Company, Inc.（『教育目標の分類学』のブルーム）

・Bruner, J. 1986. *Actual Minds, Possible Words.* Cambridge, Massachusetts, USA. Harvard University Press. Bruner, J. 1990. *Acts of Meaning.* Cambridge, Massachusetts, USA. Harvard University Press. Bruner, J. 1996. *The Culture of Education.* Cambridge, Massachusetts, USA. The President and Fellows of Harvard University.（『教育の過程』のブルーナー）

・Erikson, E. 1968. *Identity, Youth and Crisis*. New York, USA. Norton.（アイデンティティ論のエリクソン）

・Gardner, H. 1993. *Multiple Intelligences: The Theory in Practice*. New York, USA. Basic Books. Gardner, H. 2006. *Multiple Intelligences: New Horizons in Theory and Practice*. New York, USA. Basic Books. Gardner, H. 2006. *Five Minds for the Future*. Boston, Massachusetts, USA. Harvard Business School Press Books. Gardner, H. 2011. *Frames of Mind: The Theory of Multiple Intelligences*. New York, USA. Basic Books.（多重知能論のガードナー）

・Hattie, J., Biggs, J. and Purdie, N. 1996. "Effects of learning skills interventions on student learning: a meta-analysis". *Review of Educational Research*, Vol 66 number 2. Pp 99–136.（教育／学習の効果論のハッティ）

・Kolb, D. 1984. *Experiential Learning: Experience as the Source of Learning and Development*. Englewood Cliffs, New Jersey, USA. Prentice Hall.（経験学習論のコルブ）

・Lave, J. and Wenger, E. 1991. *Situated Learning: Legitimate Peripheral Participation*. Cambridge, UK. Cambridge University Press.（正統的周辺参加論のレイヴ＆ウェンガー）

・Pike, G. 2008. "Citizenship education in global context". *Brock Education*, Vol 17. Pp 39–49.（世界市民教育論のパイク）

・Vygotsky, L. 1999. *Thought and Language*. Boston, Massachusetts, USA. The MIT Press.（『思考と言語』のヴィゴツキー）

・Wiggins, G and McTighe, J. 2005. *Understanding by Design* (expanded second edition). Alexandria, Virginia, USA. ASCD Publications.（理解をもたらすカリキュラム設計論のウィギンズ＆マクタイ）

『DP：原則から実践へ』の「参考文献」には，以下のような教育学諸理論の文献も挙がっている。

・Argyris, C. and Schön, D. 1995. *Organizational Learning II: Theory, Method and Practice*. New Jersey, New Jersey. Prentice Hall.（省察的実践家論のショーン）

・Senge, P.M. 2000. *A Fifth Discipline Resource: Schools that Learn*. New York, New York. Doubleday.（『学習する組織／学校』のセンゲ）

　これらの文献は，しばしば教育学部・教育学研究科のゼミなどで学生や院生に読まれている重要かつ基礎的教育学諸理論である。また，IBのプログラムを開発・研究する際，専門家の知識と実践家の洞察とを結びつけ，IB の教育理念の中核となる理論的・哲学的課題が探求されてきたという事実を認識しておきたい（英語版 *MYP: From principles into practice*

の Curriculum research in the MYP, p.116参照)。

11.2.2 理解をもたらすカリキュラムデザイン論の影響

IBプログラムで最も注目したい教育学文献としては，Wiggins, G. and McTighe, J. 2005. *Understanding by Design* (*expanded second edition*). Alexandria, Virginia, USA. ASCD Publications. (G.ウィギンズ・J.マクタイ (2012) 西岡加名恵訳『理解をもたらすカリキュラム設計：「逆向き設計」の理論と方法』日本標準) を挙げたい。

それはなぜか。

(1) 理解をもたらす単元デザイン Understanding by Design (UbD)

MYPで活用されるUnit Plannerは，「Inquiry」「Action」「Reflection」の3つの段階で構成されている。

・「Inquiry探究」：単元の目的を確立する要素として，「Key concepts重要概念」「Related concepts関連概念」「Global contextsグローバルな文脈」「Statement of inquiry探究テーマ」「Inquiry questions探究の問い (事実的問い・概念的問い・論議的問い)」「Subject-group objectives教科の目標」「Summative assessment総括的評価」「Approaches to learning ATL 学習のアプローチ」が挙げられている。

・「Action行動」：探究を通じた指導と学習を構成する要素として，「Content内容」「Description of the learning process学習のプロセスの説明 (Learning experiences and teaching strategies学習経験と指導方略，Formative assessment形成的アセスメント，Differentiation差別化)」「Resourcesリソース」が挙げられている。

・「Reflection振り返り (問い直し/見通し)」：探究の計画と過程，影響を考える要素として，「Prior to teaching the unit単元の指導前」「During teaching単元の指導中」「After teaching the unit単元の指導後」が挙げられている。

このUnit Plannerの場合，配列は若干異なるが，以下のようなウィギンズ＆マクタイ (2012：27) の単元の逆向き設計論の影響を強く受けている。

【第1段階　求められている結果 (Desired Results) は何か】Goal：設定されているゴールは何か，Understanding：学習者はいかなる重大な観念big ideaを理解するのか，Essential Questions：いかなる本質的な問いが探究・理解・学習の転移を促すのか，Knowledge & Skills：学習者が獲得する知識やスキルは何か。

【第2段階　評価のための証拠 (Assessment Evidence) は何か】Performance Task：学習者はどのような真正のパフォーマンス課題で理解を示すか，どんな規準で理解のパフォーマンスは審査されるか，Other Evidence：その他の証拠で結果が示されるのだろうか (小テスト，テスト，学問的なメッセージ，観察，宿題，日誌等)，学習者はどのように自分の学習を

振り返る（問い直し/見通す）のか，自己評価するのか。

【第3段階　学習計画（Learning Plan）】Learning Activities：Where/What（この単元がどこへ向かい，何が期待されているのか，学習者は既有知識や関心を持ってきたのか），Hook/Hold（どのように学習者を惹きつけ，関心を維持するのか），Equip/Experience/Explore（学習者がいかに用意し，鍵となる観念を経験し，課題を探究するのか），Rethink/Revise（理解と作品を再考させ，修正する機会を提供できるか），Evaluate（学習者が自分の作品とその意味を評価できるか），Tailor（学習者の異なるニーズや関心・能力に合わせて調整/個性化することができるか），Organize（最初から最大限の参加を喚起し，それを維持し，効果的な学習が行われるように学びを組織することができるか）などに留意し，学習者が求められている結果を達成することが可能となるのか学習活動の計画を立てるのである。

（2）評価の方法の青写真としての理解の6側面の活用（Using the six facts as assessment blueprints）

ウィギンズ＆マクタイ（2012）は，以下のように「理解」[1]には6つの側面があると述べている。

【側面1：説明できるCan explain】信頼できる論拠を提供できる。

【側面2：解釈できるCan interpret】言い換えや例え話を知ることができる。

【側面3：応用できるCan apply】文脈の中で知識を活用することができる。

【側面4：クリティカルな見通しが持てるSees in perspective】物事の有効性だけではなく限界も知り全体像をもつことができる。

【側面5：共感できるDemonstrates empathy】他者の状況・情動・視点に自己を投影し，感じ，認識できる。

【側面6：自己認識を明らかにするReveals self-knowledge】学習経験とその意味について振り返り（問い直し/見通し），メタ認知ができる。

IBのすべてのプログラムにおいて単元のデザインをしたり，パフォーマンス課題のルーブリックを作成したりする際，さらに，こうした「理解」の6側面を意識し，実践することによって「Inquiry探究」「Action行動」「Reflection振り返り（問い直し/見通し）」のすべてを通じて，学習者の学びを拡張・深化させることができるのではないだろうか。

---

1) IBプログラムにおいては，先述したようにブルームの「教育目標の分類学」にある「理解」認識に立っているが，今後，ウィギンズ＆マクタイ（2012）の「理解の6側面」論を援用した実践やアセスメント論が切り拓かれる可能性がある。

ホリスティック教育 / 哲学との関係性

11.3.1　国際バカロレア・プログラムにおけるホリスティック教育の位置

　国際バカロレア・プログラムにとってホリスティック教育はいかなる位置にあるのだろうか。

　Hare (2010) は，*Holistic education: An interpretation for teachers in the IB programmes* の中で，ホリスティック教育が何を意味しているのかを明確にし，その特徴について以下のように述べている。

・ホリスティック教育は，知的，情動的，社会的，身体的，創造的，直観的，美的，精神的なレベルにおける可能性に光を当て学習者の幅広い成長を促す。
・ホリスティック教育は，教育者と学習者のオープンな協力的関係のもとで，その学習コミュニティにおけるさまざまなレベルでつながりの重要性に気づかせる。
・ホリスティック教育は，生涯にわたる経験と学習に重点が置かれており，成長，発見，視野の広がりなど，学校の教室などフォーマルな教育環境の枠を超えて学習し，学ぶ意味とその理解を引き出し，世界と関わりたいという欲求を促す。
・ホリスティック教育では，学習者が自らの生活に関する文化的，道徳的，政治的な文脈をクリティカルに学び，学習者が人間としてのニーズを満たすために積極的に挑み，文化的価値の変容に向かってゆく。(Miller 1991要約)

　これらホリスティック教育の特徴は，IBプログラムのめざす目的と親和性があり，また，IBプログラムのいずれかに援用することができ，IBプログラムの連続性を担保することができると述べている。

11.3.2　ホリスティックEducation/ 教育[2) の定義と学びの特徴

　ここでは，ホリスティック Education/ 教育の定義を明らかにしておきたい。

　ホリスティック Education/ 教育は，1.〈Connection/ つながり〉人間（じんかん）・時間・空間・事物・情報・精神などあらゆるものとのつながりに気づき，2.〈Balance/ つりあい〉

---

2) Education/ 教育：ここで英語と日本語とを併記するのは，以下のような理由からである。Educationの翻訳については諸説ある。明治期に「教導」（箕作麟祥），「教化」（大久保利通），「発育」（福沢諭吉）などさまざまな訳があったが，「教育」（森有礼）に定着し，今日に至る。Educationの語源を辿るとTeachingの意味はなく「呼び起こし，引き出す」という意味があるという説があり，また，学習者視点で捉えた福沢の「発育」論へのこだわりもある。明治期に定着してきた「教育」以来，教師の視点でEducationとその周辺で語られてきた歴史と教員文化（授業・教材・指導案等）を問い直す必要性を痛感しているからである。

論理と直観，心と身体，自主独立と相互依存，知のさまざまな分野などのバランスを図り，3.〈Inclusion/つつみこみ〉学んだ多様な知識や概念，リテラシーやスキルがみずからの知性・心性・身体性の中に包摂され，そして，4.〈Sustainability/つづくこと〉生かされ持続・継承される。それらの〈つながり〉〈つりあい〉〈つつみこみ〉への気づきを通して，自己のTransformation/変容（主体変様）と社会変革をめざす社会参画や行動を促し引き出す，サスティナブルなEducation/教育のことである（成田 2013，一部加筆修正）。

また，ホリスティックEducation/教育の学びの特徴は，以下の通りである。

(1) 学びには，身体，感情，知性，精神のすべての面がふくまれる。

(2) 知ることと学ぶことには，多くの道がある。（ガードナー「多元的な知性」：言語的知性，論理数学的知性，空間的知性，音楽的知性，運動感覚的知性，対人関係的知性，個人内面的知性）

(3) 学びには努力と遊びの両面がある。

(4) 学びが促進されるのは，心がやすらぐ環境にいるときである。

(5) 学びが促進されるのは，生徒や学生が意欲的に学習に取り組み，それをなしとげるときである。

(6) 学びが促進されるのは，それが実際の生活に関係しているときである。

(7) 〈自己〉を知ることは，ホリスティックな学びの核心である（内面への旅には「内省」と「瞑想」という2つの方法がある）。

(8) 成長や発達は大人になってからもつづく。（生涯学習）

(9) 学びには，過去の条件づけを解き放つはたらきもふくまれる。（学習棄却）

(10) 直観は，すぐれた知のあり方である（芸術や運動のような方法をもっと重視し，直観的思考を促す必要がある。直観のはたらきに注意を払うようになると，部分は全体のもとに新たに統合されるようになる）　　　　　　　　　　　　　　　　　　　　（Miller 1993＝1997）

さらに，ホリスティック教育は，以下のような哲学的学習観を包括する教育である。

Ⅰ．トランスミッション（伝達）型の学習：学問中心アプローチ，機械論的学習観，行動主義的心理学の刺激—反応モデル；アトミズム（原子論）的学習観

Ⅱ．トランスアクション（交流）型の学習：問題解決のプロセス，学際的な学問研究の方法論，デューイの経験および理解の最適モデルとしての実験科学，ピアジェの学習者間の知的刺激の相互作用，認知的発達理論；プラグマティズム的学習観

Ⅲ．トランスフォーメーション（変容）型の学習：一人ひとりの人間と社会との同時変容への関心。学習者の知的な側面だけではなく，美的，道徳的，身体的，そして精神的な側面をも含んだ全体としての理解；ホーリズム（全人・全連関）的学習観

ホリスティック教育は，Ⅰのトランスミッション（伝達）型の学習とⅡのトランスアクション（交流）型の学習をも包括するⅢのトランスフォーメーション（変容）型の学習観を有

表11-1　ホリスティック/ケア/エコカリキュラムを俯瞰するための「教育諸理論の三層包括分類表（Ver.14）」

三層包括的分類	Transmission 伝達（三層包括的関係性）（ベイトソン 2000・学習階型 I）	Transaction 交流（三層包括的関係性）（ベイトソン 2000・学習階型 II）	Transformation 変容 ［主体変様 J 創成］ ホリスティック・アプローチ（三層包括的関係性）（ベイトソン 2000・学習階型 III）
思想哲学 哲学的背景	Atomism（原子論） 論理実証主義、分析哲学 デカルト　ニュートン ［カント デカルト シュタイン］ヘルバルト　等	Pragmatism（プラグマティズム）　構造主義 ［構成（構築）主義］ コールバーグ　シュワブ　デューイ ［キルパトリック］ ［経験理］ 解のための実験科学　問題解決　反省的知性＝省察 プラグマ・ルーツ　等	社会構成主義的　Holism（全人・全連関論）　エマーソン ［アサジオーリ ハイガオー］ キルパトリック　フーバー　ベイトソン　ホーム　ガンジー ［クリシュナムルティ］ サティシュ・クマール ［ティクナットハン］ 先住民の伝統智 ［事族経（相即）］ 禅　孟道（世阿弥の哲学（西村維三）時間論　翻訳論　等
心理学 心理科学的背景	行動主義心理学 ［パブロフ］ ［ソーンダイク］ スキナー	認知（発達）心理学　ピアジェ　ヴィゴツキー　コールバーグ　シュワブ	深層心理学 ［トランスパーソナル心理学］ ユング　マズロー　ウィルバー 等
脳科学的背景	認知心理の情報　感覚運動の取り離し	認知と情報・感覚運動の関連性（知・徳・体のバランス）	黒田正典・主体表象論　認知・情感・感覚運動の三位一体性
教育学 教育学的背景	ポピット　カルナップ　ブルーム 教授学習主義 要素還元主義 テクノロジーによる人間行動制御 ［価値中立性］ Have 所有	問題解決学習　課題解決学習　学習科学 佐藤学 ［三宅なほみ］ 秋田喜代美　RK.ソーヤー 理解を促すカリキュラムの垂合設計	実存主義的現象学　フレーベル　シュタイナー　フレイレ ［V.E.フランクル］ ケアリング的教育学 ［ティング］ ガードナー　ノーナン　リカーソ　J.P.ミラー　R.ミラー　手塚郁 ［吉田敦彦］ 今井重孝　Holistic Education / Care 学会
教育目的	基礎的技能・基本的知識・概念・の伝達・習得 合意形成能力の育成	思考力・判断力・表現力の育成　合理的な問題解決能力・判断力 探究 Do（Have）行動　社会参画	意志＝感情＝思考＝精神の均衡　主体実様と社会参画　探究 Be（Do・Have）存在 論理と連観の均衡　意味や価値の深化・想像力・想像力
教育課程 カリキュラム・計画・ 実施・達成・潜在	教科内容に焦点　教科中心の系統的カリキュラム ［系統主義］ PDCA 時間割の中の一コマ毎の各教科等の授業の編成（指導案）教案	問題解決プロセスへの焦点　経験中心カリキュラム ［経験主義］ 総合的な学習の時間　教科・領域を越えた子たちのOO教育　時間開発 超えた学校内外における学習の拡張・深化　学習指導案　ALACT モデル CAPDo：（成田）　理解を促すカリキュラムへの垂合設計	多層的な関係性に焦点　出会い　気づき・覚醒重視。　理界の6側面 系統主義と経験主義のつなのガー・つりあい・つつみこみ・つくりだす　専門性・世代・地域等 を超える ESD（持続可能な開発のための教育）/SDGs（国際 パカロレア・カリキュラム） α-カリキュラムデザイン垂要羅（成田他） （PYP・MYP・DP・CP）　OODA
教育・学習方法	講義形式、プログラム学習、練習・ドリル、反復、 完全習得学習　教師中心にやられる　アクティブ・ラーニング I、 ルタイマー二による時間の制御　発問（内容質問）C.Q	探究学習　発見学習　意思決定モデル　個別学習　プロジェクト学習 個人・グループ調査研究（調べ学習）、ケーススタディ　道徳的ディレンマ 法・活動に焦点化された、アクティブ・ラーニング II　チャイム等採用　単元化 資（開い（事元質問）U.Q ［主体的で対話的で深い学び	創造性開発性思考法　つながりを深める教授、協同学習　イメージワーク　ホールランド ージ、ムーズメント　ホールスクールアプローチ　共に臨む時間の流れ 細に始まり個に還り思考を深める、アクティブ・ラーニング III ［相即的関係性］ 本質的で根源的な問い、深くて永く続く問い（EQ）社会参画につながる問い ［ケア III］
［ケア］	学校図書館（個人の利用、関連教科文献資料） ［ケア I］	学校図書館（個人・グループへの活用　調べ学習での活用） ［ケア II］	学校図書館（教科・専門性を超えてひととをつなぐアフォーダンス） ［ケア III］
主な教育資源	標準化された物板　教科書（市販の副教材）	さまざまな知的作源　向的好奇心を引き出す多様な教材	子ども、教師（おとな）の人間性・存在そのもの　子どもと教師のライフヒストリー
評価方法 （確認とその記録）	標準テスト　選択問テスト　正誤テスト　完成テスト　数値化	チェックリスト、観察と記録　意思決定記述の評価　質問紙 自由記述レポート実践記録・実践報告　パフォーマンス課題　ルーブリック評価 ポートフォリオ評価　エスノグラフィーからオート・エスノグラフィーへ	面接的対話　Reflection 問い・見し通す／日記、自己評価・相互評価。 グラウンデッド・アプローチ ［M.カー型テスト（成田）創作物語評価　経験省察ブリー（成田）、省察・観想 目的な後・難見見、世間所）協働工スノグラフィ HOPE 評価（Holistic, Ownership, Participatory, Empowering）
研究方法	［客観性の重視］ （仮説検証型研究（定量的／量的研究））	［主観による主観の客観化］ 仮説検証型研究（定量的・量的研究） 仮説生成型研究（定性的・質的研究） 量的・質的研究方法の統合（質的研究（SCAT））	［関主観性（相互主観）性の世界］ 学級フィールドワーク［研究対象と主体との協働研究］省察・観想 質的研究（プリッジ）アーツベイスドリサーチ（金田卓也）アクティブインタビュー 多声性　詩・物語・絵画・音楽のパフォーマンス等のものが研究成果物 サーバント・リーダーシップ型（グリーンリーフ）水の思想・川の継続論（成田）
各学校種別傾向個性	［エコルミヒー型（垂直方向）］ 大学院（修士課程）・大学・高等学校・中学校 ［自由学園］ 等	［ネットワーク型（水平方向）］ 小学校・幼稚園・保育所 ［自由学園］ 等	特別支援学校　NPO法人 N 立学校（東京英数シュタイナースクール） ［自由学園］ 等

出所）吉田敦彦（1999：281）［表3　教育学諸理論の三層包括的分類］（『ホリスティック教育論―日本の動向と思想地平―』日本評論社）をもとに、筆者が加筆・修正・（□印）、斜体（筆者創成概念）を重ね続けている表である。

する教育である。

この3つの学習観の背景にある教育学諸理論の詳細については，表11-1「教育諸理論の三層包括分類表（Ver.14）」を参照されたい。

IBプログラム（PYP・MYP・DP・CP）は，「教育諸理論の三層包括分類表（Ver.12.0）」にあるように，学習者のTransformation（変容）をもたらすホリスティックなアプローチを可能にするカリキュラムであると言ってよい。

しかし，そのカリキュラムを実践する主体は，Educator/教育者であり，Learner/学習者であり，両者がいかなる学習観のもとに臨むのかによって大きく左右されるため，三層のいずれかの教育理論・哲学的実践をもたらすことになる。

その意味で常に両者が自らの実践をメタ認知することが重要になるのである。

少なくともUnit/単元の事前・中間・事後に両者が「問い直し/見通し（Reflection）」を重ねてゆく必要がある。

そして，Educator/教育者を含むすべてのLearner/学習者が「問い直し/見通し（Reflection）」を行ってゆくとき，常に立ち返るべき基本的な視点は，IBのMission statement/使命とLearner profile/学習者像であるといってよい。

11.4 小 括

本章の目的は，IBプログラムがいかなる教育学理論や哲学に支えられているのか，国内外の教育動向を俯瞰しながら具体的な理論や哲学に明らかにすることであった。

具体的には，IBプログラムの背景にある多様な教育諸理論を概観し，また，カリキュラムデザインの理論とホリスティックEducation/教育の理論と哲学的学習観について明らかにしてきた。しかし，実際に，こうした教育諸理論や哲学に支えられたIBのプログラムを実践する教師の具体的な見方・考え方・感じ方・在り方については，常にメタ認知を続ける「問い直し/見通し（Reflection）」の重要性の指摘に止まっている。

実践者は，具体的にいかなる見方・考え方・感じ方・在り方に立てばよいのだろうか。

すでにこの問いについては，第2部の第7章で具体的に「個人と社会」を例に応答を試みたので，あらためて読み返しておきたい。　　　　　　　　　　　　　［成田 喜一郎］

【引用・参考文献】

成田喜一郎（2013）「ESDカリキュラム及び授業デザインの理論と方法：カリキュラム開発の方法を探究する」『東京学芸大学教職大学院年報』第2集，pp.1-15.

Hare, J. (2010). *Holistic education: An interpretation for teachers in the IB programmes.* International Baccalaureate Organization.

Miller, J.P. (1993). *Holistic Teacher.* Ontario Inst for Studies in Education Press.（＝1997，ジョ

ン P. ミラー著，中川吉晴・桜井みどり・吉田敦彦訳『ホリスティックな教師たち：いかにして真の人間を育てるか』学習研究社）(Miller, J.P. (2007). *Holistic Curriculum* (second edition). University of Toronto Press. も参照されたい。)

Miller, R. (1991). *New Directions in Education: Selections from Holistic Education Review.* Brandon, VT. Holistic Education Press.

Wiggins, G and McTighe, J. (2005). *Understanding by Design* (expanded second edition). Alexandria, Virginia, USA. ASCD Publications. (＝2012, G. ウィギンズ・J. マクタイ著，西岡加名恵訳『理解をもたらすカリキュラム設計：「逆向き設計」の理論と方法』日本標準)

索　引

編者紹介

赤羽　寿夫（あかはね　ひさお）
1959年東京都生まれ。東京学芸大学大学院理科教育学科修士課程修了。
修士（理科教育）。東京都公立中学校教諭，東京学芸大学附属国際中等教育学校副校長を経て，現在，東京学芸大学教職大学院教授。
（専攻）理科教育学，国際バカロレア教員養成
（主要著作）『教育のこれからを読み解く57の視点』（教育出版，2016，分担執筆），『新しい時代の学力づくり授業づくり　資質・能力を育てる　中学校理科編』（明治図書，2001，分担執筆）など。

佐々木　幸寿（ささき　こうじゅ）
1960年岩手県生まれ。東北大学大学院教育学研究科博士課程修了。
博士（教育学）。岩手県公立学校教員，岩手県教育委員会主任管理主事，信州大学准教授等を経て，現在，東京学芸大学理事・副学長，教職大学院長，先端教育人材育成推進機構長。
（専攻）学校法学,教育行政学
（主要著作）『市町村教育長の専門性に関する研究』（風間書房，2006），『改正教育基本法—制定過程と政府解釈の論点—』（日本文教出版，2009），『新版　学校法』（学文社，2023），『学校法務—公教育を担う法務実務の視点と論理—』（ジダイ社，2023年）ほか多数。

原　健二（はら　けんじ）
1967年大阪府生まれ。東北大学大学院理学研究科博士課程修了。
博士（理学）。京都大学大学院生命科学研究科助手，東京学芸大学教育学部准教授等を経て，2023年まで東京学芸大学教職大学院教授。
（専攻）教科内容学
（主要著作）*Biocommunication of Animals*（Springer，2013，分担執筆），『学力向上につながる理科の題材』（東京法令，2006，分担執筆）など。

藤野　智子（ふじの　ともこ）
1967年高知県生まれ。東京学芸大学教育学部中等英語科卒業。
東京都公立・私立高等学校教諭，東京学芸大学附属高等学校大泉校舎外国語科教諭，東京学芸大学附属国際中等教育学校副校長兼東京学芸大学特命教授等を経て，現在，東京学芸大学教職大学院准教授。
（専攻）国際バカロレア教員養成，英語教育

国際バカロレア教育と教員養成—未来をつくる教師教育—

2020年6月20日　第1版第1刷発行
2024年1月30日　第1版第3刷発行

編者　東京学芸大学国際バカロレア教育研究会
編集代表　赤羽　寿夫・佐々木幸寿
　　　　　原　　健二・藤野　智子

発行者　田中千津子
発行所　株式会社　学文社

〒153-0064　東京都目黒区下目黒3-6-1
電話　03(3715)1501(代)
FAX　03(3715)2012
https://www.gakubunsha.com

印刷　新灯印刷
Printed in Japan

ISBN978-4-7620-2953-0